ARKANA

Buch

Glücklich sein – ein Zustand, den jeder für sich wünscht, den aber nur wenige erreichen. Richard Carlson konfrontiert uns mit einer erstaunlichen Erkenntnis: Ob wir glücklich sind, hängt nicht von den äußeren Umständen ab. Nicht dadurch, dass wir unsere Probleme lösen, unsere Beziehungen verbessern und Erfolge erringen, finden wir Glück und Zufriedenheit, sondern allein in uns selbst. In uns liegt die Macht, unser Schicksal zu bestimmen und unser Leben zu einem Ausdruck des Göttlichen zu machen. Die äußeren Bedingungen sind bloß Herausforderungen, Chancen bzw. Möglichkeiten, von denen wir uns aber nicht bestimmen lassen dürfen. Carlson nennt fünf Prinzipien, durch deren Anwendung wir eine neue Art zu leben entdecken. Schritt für Schritt leitet er Sie an, diese Prinzipien umzusetzen und den Weg zu Lebensfreude, innerem Frieden und Glück zu beschreiten.

Autor

Richard Carlson lebt in Nord-Kalifornien. Er ist Berater für Stress-Management und ein international bekannter Autor. Zu seinen wichtigsten Buchveröffentlichungen gehörten: »Alles kein Problem« sowie die Handbücher für die Seele, das Herz und den Geist, die er zusammen mit Benjamin Shield herausgab.

RICHARD CARLSON

Glücklich sein, auch wenn das Leben hart ist

Die 5 Prinzipien der Erfüllung

Aus dem Amerikanischen
von Ulla Rahn-Huber

ARKANA
GOLDMANN

Die amerikanische Originalausgabe erschien 1992 unter dem Titel
»You Can Be Happy Not Matter What« bei New World Library,
Novato, California. Eine überarbeitete Neuausgabe erschien dort 1997.

Umwelthinweis:
Alle bedruckten Materialien dieses Taschenbuches
sind chlorfrei und umweltschonend.
Das Papier enthält Recycling-Anteile.

Deutsche Erstausgabe März 2002
© 2002 der deutschsprachigen Ausgabe
Wilhelm Goldmann Verlag, München
in der Verlagsgruppe Random House GmbH
© 1992, 1997 der Originalausgabe Richard Carlson, Ph.D.
Umschlaggestaltung: Design Team München
Umschlagillustration: Tertia Ebert
Satz/DTP: Martin Strohkendl, München
Druck: Elsnerdruck, Berlin
Verlagsnummer: 21602
Redaktion: Ralf Lay
WL· Herstellung: WM
Made in Germany
ISBN 3-442-21602-8
www.goldmann-verlag.de

1. Auflage

Meinen wunderbaren Kindern –
mögen sie allzeit glücklich sein,
was auch immer geschieht.

Dank

Mein Dank gilt Patti Breitman dafür, dass sie glücklich genug war, um mich zu verstehen, noch bevor ich zu Ende gesprochen hatte; Kristine Carlson für ihre liebevolle Unterstützung; Sheila Krystal dafür, dass sie mir eine so wunderbare Partnerin und Freundin ist; Carol LaRusso für ihre hervorragende Lektoratsarbeit und dafür, dass sie sich die Zeit genommen hat, meinen Denkansatz nachzuvollziehen; George und Linda Pransky dafür, dass sie mir so ausgezeichnete Lehrer waren; sowie Barbara und Don Carlson dafür, dass sie sich die wunderbare Gabe des Glücklichseins angeeignet haben – und bereit sind, sie mit anderen zu teilen.

Inhalt

Vorwort

Einer weit verbreiteten irrigen Meinung zufolge wird der Mensch von seinen äußeren Umständen bestimmt. Doch wenngleich dies nicht der Fall ist, verraten sie dennoch viel über den Einzelnen. Unsere Lebensumstände definieren uns nicht, aber sie spiegeln unseren ganz persönlichen »Lehrplan« wider – unsere Prüfungen und Herausforderungen ebenso wie unsere Möglichkeiten zu persönlichem Wachstum, zu Akzeptanz und Losgelöstheit. Unser Erfolg auf Erden bemisst sich nicht an den Gütern oder den Errungenschaften, mit denen wir uns schmücken. Er liegt nicht in den Details unserer Sorgen und Nöte, sondern darin, wie wir mit dem, was wir haben, umgehen, wie wir uns den Herausforderungen stellen und wie wir die Lernaufgaben des Lebens in Wachstum und ein von Liebe erfülltes Dasein verwandeln.

Wir sind in der Lage, unser eigenes Schicksal zu schmieden, in unserem Leben ein »wahres Wunder« zu bewirken, das Göttliche zum Ausdruck zu bringen, das Ego aus unserem Bewusstsein zu tilgen und die Liebe zur obersten Priorität zu erklären. Um dies zu tun, ist es jedoch unabdingbar, einen Zustand der inneren Ausgewogenheit, der Harmonie und des Gleichmuts zu erreichen. Glücklich zu sein, ist nicht das Ziel unseres Weges – es ist der Ausgangspunkt. Zufriedenheit ist die Basis des spirituellen Lebens.

Die in diesem Buch vorgestellten Prinzipien sind Navigationshilfen, die Ihnen die Suche nach persönlicher Zufriedenheit erleichtern. Sie sind wie eine Anleitung, die den Weg nach innen weist – dorthin, wo Frieden herrscht. Sie helfen, zentriert und ruhig zu bleiben. In dem Maße, wie Ihr Glücksgefühl wächst, erschließen Sie sich eine neue Dimension des Lebens, in der die Samen für weiteres spirituelles Wachstum gesät werden. Ohne unablässiges Kämpfen und permanente Ablenkung durch Stress, Ärger, Umstände und Erwartungen wird sich Ihr Leben sehr viel harmonischer gestalten.

In diesem außergewöhnlichen Buch führt uns Dr. Carlson vor Augen, dass nicht das Leben unser Feind ist, unser Denken hingegen durchaus diese Position einzunehmen vermag. Er erinnert uns daran, welch effizientes Instrument der menschliche Geist ist und dass er zu jedem gegebenen Zeitpunkt entweder für oder gegen uns arbeiten kann. Wir haben die Wahl: Wir können lernen, uns voller Liebe und Geduld dem Fluss des Lebens anzuvertrauen oder uns gegen ihn zu stellen. Schon des Öfteren habe ich gesagt, dass wir spirituelle Wesen sind, die menschliche Erfahrungen sammeln. Es ist uns gegeben, aus ebendiesen menschlichen Erfahrungen das Beste zu machen. Wir verfügen über alle Ressourcen, um ein zufriedenes und erfülltes Leben zu leben, welchen Herausforderungen wir auch immer begegnen mögen. Lesen Sie dieses Buch und lassen Sie sich von seiner Botschaft zu der Erkenntnis leiten: Unabhängig davon, wie die äußeren Umstände sich darbieten – ob wir glücklich sind oder nicht, liegt allein in unserer Hand! Gott segne Sie.

Wayne Dyer

Einleitung

Glück – das ist etwas, wonach sich jeder sehnt, das aber nur den wenigsten zuteil wird. Es wird als ein Zustand beschrieben, der von Gefühlen der Dankbarkeit, des inneren Friedens, der Zufriedenheit und der Zuneigung uns selbst und anderen gegenüber geprägt ist. Zufrieden und von Freude erfüllt zu sein, ist eigentlich die natürlichste Gemütsverfassung des Menschen. Was uns dieser positiven Empfindungen beraubt, sind negative Vorgänge, die wir ohne Hinterfragung als »notwendig« oder »zwangsläufig« hinzunehmen gelernt haben. Wenn wir uns wieder auf unsere positive innere Grundhaltung besinnen und die Hindernisse beseitigen, die uns den Zugang dazu versperren, so wird sich uns das Leben von einer sinnvolleren, schöneren Seite präsentieren.

Die positive Grundstimmung, von der hier die Rede ist, hat nichts mit flüchtigen Emotionen zu tun, wie sie im Wechselspiel der äußeren Umstände kommen und gehen. Sie ist vielmehr etwas, das unser Leben durchdringt und ein Teil von uns wird. Aus dieser Gemütsverfassung heraus können wir dem Leben leichteren Herzens und mit mehr Gelassenheit begegnen, ganz gleich, ob die äußeren Umstände eine solch positive Sicht der Dinge zu rechtfertigen scheinen oder nicht. Vor dem Hintergrund dieser angenehmen Stimmung erscheint unser Dasein weniger kompliziert, und unsere Probleme kommen uns weniger gravierend vor. Der Grund dafür ist folgender: Je besser wir uns fühlen, desto leichter finden wir Zugang zu unserer inneren Weisheit und dem gesunden Menschenverstand. Wir reagieren weniger empfindlich, abwehrend und kritisch; wir fällen sinnvollere Entscheidungen und kommunizieren effektiver.

Am leichtesten eröffnen wir uns den Zugang zu dieser positiven Grundstimmung, wenn wir uns auf die Suche nach ihren Quellen begeben. Es gibt fünf psychische Grundprinzipien, die uns dabei als Führung oder Orientierungshilfe dienen und uns bei der Wiedererweckung unserer heiteren Gelassenheit helfen können – jenes natürlichen Zustands, den ich gern als »gesunde psychische Einstellung« oder auch einfach nur als »gutes Gefühl« bezeichne. Dieses Buch zeigt, wie wir die psychischen Hindernisse, die uns den Weg zu der positiven Grundstimmung versperren, erkennen und aus dem Weg räumen können – jene verunsichernden Gedanken, die wir erziehungsbedingt allzu ernst nehmen.

Die ersten vier der in diesem Buch vorgestellten Prinzipien basieren auf einem ursprünglich von Dr. Rick Suarez und Dr. Roger C. Mills formulierten Konzept*. Sie weisen den Weg, wie wir jederzeit und ungeachtet unserer jeweiligen Probleme in dieses Gefühl des Glücklich- und Zufriedenseins eintauchen können. Glauben Sie mir: In meiner therapeutischen Arbeit darf ich immer wieder erleben, wie Menschen bei all ihren Problemen und Schwierigkeiten allein durch die Anwendung dieser Prinzipien ihrem Leben eine neue, positivere Richtung geben. Wenn wir mit uns und der Welt von Grund auf zufrieden sind, können wir unsere Probleme sehr viel leichter und effizienter lösen, als wir es je für möglich gehalten hätten. Die fünf Prinzipien, die ich hier vorstellen möchte, sind ein Durchbruch im Verständnis der menschlichen Psyche. So einfach sie scheinen mögen, so allgemein gültig und treffend beschreiben sie die Funktionsweise unseres Geistes. Sie gelten für alle Menschen,

---

* Rick Suarez, Roger C. Mills und Darlene Stewart: *Sanity, Insanity and Common Sense: The Groundbreaking New Approach to Happiness*, New York, Fawcett, Columbine, 1987.

wo auch immer sie leben – sie überwinden kulturelle Barrieren.
In Teil I dieses Buches werden die Prinzipien im Einzelnen beschrieben, doch vorab eine kurze Übersicht:

Die Gedanken: Mit unserer Fähigkeit zu denken erschaffen wir
unser Leben, so wie wir es erfahren. Und Denken ist ein *willkürlicher* Akt.

Die Stimmungen: Unsere Auffassungen vom Denkprozess als
willkürlicher Akt verändern sich von Augenblick zu Augenblick und von Tag zu Tag; diese Schwankungen werden als
Stimmungen bezeichnet.

Die individuellen psychischen Realitäten: Da das Denken eines
jeden Menschen einem ganz spezifischen unverwechselbaren
Muster folgt, lebt jeder von uns in seiner eigenen psychischen
Realität.

Die Gefühle: Unsere Gefühle bzw. Emotionen dienen als »Bio-
feedback-Mechanismus«, der uns Auskunft über unseren jeweiligen psychischen Zustand gibt.

Der gegenwärtige Augenblick: Wenn wir lernen, mit unserer
Aufmerksamkeit in der Gegenwart zu bleiben, indem wir auf
unsere Gefühle achten, erreichen wir ein Optimum an Le-
benseffizienz und wirken gleichzeitig der Ablenkung durch
negative Gedanken entgegen. Nur im jeweils gegenwärtigen
Augenblick finden wir Glück und inneren Frieden.

Indem wir lernen, zu verstehen, nach welchen Prinzipien unser
Geist funktioniert, eröffnen wir uns den Zugang zum Glücklichsein – jenem herrlichen Gefühl, das es uns erlaubt, unser Leben
und unsere Beziehungen nach Herzenslust auszukosten. Die
meisten Leitfäden zum Glücklichsein fordern uns auf, irgendetwas zu tun oder zu ändern.

Aber die Erfahrung lehrt, dass wir auf diese Weise bestenfalls
zu vorübergehenden Lösungen gelangen. Die Geisteshaltung,

die uns vorgibt, dass wir etwas anders machen sollten, um glücklich zu sein, bleibt auch dann noch bestehen, wenn die Veränderung bereits stattgefunden hat. Und sie sorgt dafür, dass das ganze Spiel stets aufs Neue beginnt: dass wir nach Fehlern und Umständen suchen, die wir erkennen und korrigieren sollen, bevor wir endlich glücklich sein dürfen. Wer hingegen die fünf Prinzipien der gesunden psychischen Einstellung durchschaut, kann die Dynamik umkehren und *hier und jetzt* glücklich sein, selbst wenn er sich und seine Lebensumstände nicht unbedingt als perfekt bezeichnet. Haben wir diesen Zustand des Glücklichseins erreicht und sind von den Ablenkungen einer negativen Einstellung weitestgehend befreit, finden wir einen »direkteren Draht« zu unserer inneren Weisheit und dem gesunden Menschenverstand, sodass wir Lösungen und Alternativen erkennen, die bislang unter tonnenschweren Sorgen und unablässig kreisenden Gedanken begraben waren.

Zufriedenheit ist das Fundament eines erfüllten Lebens. Sie schafft die Voraussetzungen für gelungene Beziehungen, berufliche Erfüllung, erzieherische Kompetenzen und jene Art von Weisheit und gesundem Menschenverstand, die wir brauchen, um mit Leichtigkeit durchs Leben zu gehen. Fehlt die Zufriedenheit, kann das Dasein wie ein Schlachtfeld erscheinen, auf dem wir uns mit so vielen Problemen herumschlagen müssen, dass wir gar nicht dazu kommen, das Leben in seiner ganzen Schönheit zu genießen. Von Sorgen geplagt und in der Hoffnung, dass »es eines Tages besser sein« werde, verschieben wir das Zufriedensein, während uns das Leben zwischen den Händen zerrinnt. Sind wir gefühlsmäßig »auf Glück gepolt«, können wir das Leben rundum genießen – und in diesem Augenblick! Natürlich sind unsere Probleme nach wie vor real und gewichtig, doch haben wir erst einmal gelernt, zufrieden zu sein, können sie uns nicht mehr daran hindern, uns unseres Leben zu freuen. Eine zufriedene Grundverfassung schenkt uns eine geradezu kindliche Genussfähigkeit –

eine unbeschwerte Art des Seins, die unsere Wahrnehmungskanäle auch für die einfachen Dinge öffnet und uns mit Dankbarkeit für das großartige Geschenk des Lebens erfüllt.

Es geht in diesem Buch nicht darum, ausgefeilte Techniken oder Bewältigungsstrategien zu erlernen, um für jedes Problem eine jeweils ganz spezifische Lösung zu finden. Sie erfahren vielmehr, wie Sie zufriedener durchs Leben gehen können, und zwar mit Liebe im Herzen. Haben Sie sich erst einmal mit den Prinzipien der gesunden psychischen Einstellung vertraut gemacht – und das ist das Schöne daran –, geht das Wissen darum nicht wieder verloren. Nicht, dass Ihnen das Gefühl der Liebe nie mehr entgleiten würde; das wird zwangsläufig immer wieder passieren. Doch wenn dies geschieht, werden Sie nun verstehen, wie es dazu kommen konnte und wie Sie den Kurs wieder korrigieren können.

Der Geist als Schlüssel zum Glücklichsein

Der Geist dient uns im Wesentlichen auf zweierlei Weise: Zum einen ist er Speicher für Informationen und Erinnerungen und zum anderen »Transmitter« für Weisheit und gesunden Menschenverstand. Mit Hilfe der Speicher- oder »Computerfunktion« des Gehirns werden Berechnungen angestellt und Fakten analysiert, verglichen und in Beziehung gesetzt. Der Wert dieser geistigen Kapazität liegt auf der Hand: Fehlte sie uns, wären wir nicht lebensfähig. Die Übermittlerfunktion hingegen, auf die jeder Mensch zugreifen kann, stellt die Verbindung zur Stimme des Herzens her, also zu jenen Bereichen, in denen es um mehr als reines Faktenwissen geht. Das »Transmitterhirn« – nicht das »Computerhirn« – ist die Quelle unserer Zufriedenheit, Freude und Weisheit.

Um uns diesen »anderen« Bereich des Geistes zu erschließen, müssen wir zunächst einmal erkennen, wie wertvoll und notwendig er für uns ist. Schließlich wäre es unsinnig, mit Hilfe eines Computers eine Ehekrise oder ein berufliches Problem lösen zu wollen oder zu entscheiden, wie man mit seinen pubertierenden Kindern über Drogen spricht bzw. seinem Dreijährigen einen Begriff von Disziplin vermittelt. Wohl kaum einer würde einen Computer zur Lösung solcher persönlichen, emotionalen Fragen heranziehen; hier sind vielmehr Fingerspitzengefühl und Weisheit gefragt.

Das »Computerhirn« kann nicht mit neuen Antworten zu bekannten Tatsachen aufwarten. Um sie zu finden, bedarf es einer gefühlsmäßigen Veränderung, einer neuen Lebensperspektive, wie sie nur aus den unbekannten, stilleren Bereichen des Geistes erwachsen kann.

Zur Illustration möchte ich das öfters zitierte Beispiel des Mannes erzählen, der seinen Schlüsselbund verloren hat. Er überlegt und überlegt (»Computerfunktion«), wo er ihn nur hingelegt haben könnte, doch es fällt ihm nicht ein. Er hat es schlicht und einfach vergessen. In dem Moment aber, in dem er das Grübeln aufgibt, zum Fenster geht, und einen Blick über die Landschaft schweifen lässt, fällt es ihm wie aus heiterem Himmel ein: Urplötzlich weiß er wieder, wo die Schlüssel sind. Die Antwort taucht just in dem Moment auf, in dem er seinen Kopf frei macht; das angestrengte Nachdenken hingegen hat ihn eher daran gehindert, darauf zu kommen. Es hat wohl jeder schon einmal ähnliche Erfahrungen gemacht, doch nur die wenigsten haben die wichtige Lektion des »Nichtwissens um des Wissens willen« darin erkannt. Stattdessen glauben die meisten Menschen weiterhin, dass man auf Lösungen kommt, wenn man sich das Gehirn zermartert.

Jeder kann lernen, in Kontakt mit seiner gesunden inneren Einstellung zu kommen und ihr zu vertrauen – jenem stillen Bereich des Geistes, der die Quelle für die uns innewohnenden positiven Gefühle ist; auf den weisen Teil, der die Antworten kennt. Und wenn er sie einmal nicht weiß, dann ist er sich auch darüber im Klaren. Sie können lernen, zwischen »Computerdenken« und kreativem Denken zu unterscheiden, und herausfinden, wann es an der Zeit ist, sich auf den »Computer« zu verlassen, und wann Sie sich besser zurücklehnen und Stille einkehren lassen sollten.

Dieses Buch soll Ihnen helfen, öfter in die angenehmere Gemütsverfassung der Zufriedenheit zu kommen. Wer lernt, dem Leben aus dieser friedlichen Grundstimmung heraus gegenüberzutreten, wird entdecken, dass Glück und Zufriedenheit von den äußeren Umständen unabhängig sind. Das soll keineswegs heißen, dass nicht nach Möglichkeit »alles gut gehen« soll. Natürlich wäre dies das Beste! Es bedeutet vielmehr, dass nicht erst »alles stimmen« muss, bevor wir glücklich sein können. Was andere Menschen tun oder was passiert, haben wir nicht immer in der Hand; aber was wir steuern können, ist die großartige Fähigkeit, mit unserem Leben glücklich und zufrieden zu sein. Eines der angenehmen Nebenprodukte des Glücklichseins »ohne besonderen Grund« ist, dass sich unsere kleinen Nöte wie von allein aufzulösen beginnen. Wenn unser Geist nicht mehr von unzähligen Sorgen und Einwänden blockiert ist, denken wir auf einmal besser, klarer und intelligenter.

Zu jedem gegebenen Augenblick kann unser Geist für oder gegen uns arbeiten. Wir haben die Wahl, die natürlichen psychologischen Gesetze, denen wir alle unterliegen, zu akzeptieren, uns ihnen zu beugen, mit dem Fluss des Lebens zu schwimmen – oder gegen ihn anzukämpfen.

Die fünf Prinzipien zeigen Ihnen, wie Sie immer öfter in eine positive Grundstimmung hineinkommen können. Nutzen Sie diese als Orientierungshilfe, die Sie durchs Leben führt und Ihnen den Weg ins Glück weist.

Richard Carlson
Walnut Creek, California

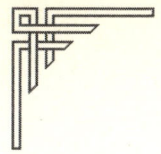
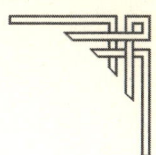

TEIL I

—

Die Prinzipien

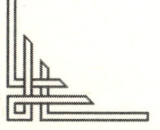
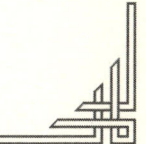

1
Das Prinzip der Gedanken

Alles, was wir erreichen, oder nicht erreichen,
ist das direkte Ergebnis unserer eigenen Gedanken.
James Allen

Menschen sind denkende Wesen. In jedem Augenblick eines jeden Tages arbeitet unser Gehirn, um das, was wir sehen und erfahren, geistig zu verarbeiten. Wenngleich dies wie ein Gemeinplatz klingen mag, ist es doch eines der am wenigsten verstandenen Prinzipien unserer psychischen Konstitution. Und dies, obwohl das Verständnis von der Natur des Denkens die Grundvoraussetzung für ein ganzheitliches und glückliches Leben ist.

Denken ist eine Fähigkeit – eine Funktion des menschlichen Bewusstseins. Keiner weiß so recht, woher die Gedanken letztlich zu uns gelangen, aber wir können wohl davon ausgehen, dass sie von ebenjenem Ort (was auch immer wir darunter verstehen mögen) stammen, der unser Herz schlagen lässt – von jenem Ort, der uns das Leben beschert. Wie alle anderen menschlichen Funktionen geht auch das Denken unaufhörlich seinen Gang, ob wir es nun wollen oder nicht. In diesem Sinne ist das »Denken« ein unpersönliches Element unserer Existenz.

Die Beziehung zwischen Denken und Fühlen

Jedes negative (und im Übrigen auch jedes positive) Gefühl ist ein direktes Resultat des Denkprozesses. Es ist unmöglich, ein Gefühl der Eifersucht zu empfinden, ohne vorher in Gedanken eifersüchtig gewesen zu sein, oder Traurigkeit zu empfinden, ohne an etwas Trauriges gedacht zu haben. Und es ist unmöglich, niedergeschlagen zu sein, ohne an etwas Deprimierendes gedacht zu haben. Eine scheinbar offensichtliche Tatsache – aber wir wären alle unendlich glücklicher und mit unserem Leben zufriedener, wenn wir sie nur wirklich verstanden hätten!

Bei so gut wie allen Klienten, mit denen ich im Laufe der Jahre gearbeitet habe, begann die erste Sitzung etwa wie folgt.

Der Klient sagt: »Ich bin heute irgendwie niedergeschlagen.«

»Ist Ihnen aufgefallen«, fragte ich ihn dann, »dass Sie an etwas Deprimierendes gedacht haben?«

»Ich habe an nichts Deprimierendes gedacht. Ich fühle mich einfach nur niedergeschlagen.«

Es dauerte eine Weile, bis ich erkannte, dass es sich hier um ein Kommunikationsproblem handelte. Wir haben gelernt, »denken« mit »grübeln« gleichzusetzen, das Denken als einen Vorgang anzusehen, in den wir Zeit und Mühe investieren müssen – wie etwa in die Lösung einer Rechenaufgabe. Obwohl wahrscheinlich niemand auf die Idee käme, sich ernsthaft sechs Stunden am Stück mit einem einzigen Gedanken der Wut herumzuplagen, wäre es dennoch völlig »normal«, in derselben Zeit beispielsweise fünfzehn- oder zwanzigmal jeweils eine halbe Minute lang entsprechende Gedanken zu hegen.

Wir können über Tage hinweg oder auch nur eine Sekunde lang »einen Gedanken im Kopf haben«. Falls sie uns überhaupt auffallen, tun wir solche kurz auftauchenden Gedanken als unwichtig ab. Aber hier irren wir. Wie kurz oder wie lang er uns auch beschäftigen mag – ein Gedanke zieht in jedem Fall eine gefühlsmäßige Reaktion nach sich. Rührt sich in uns beispielsweise die wenn auch noch so flüchtige Idee: »Mein Bruder bekam mehr Zuwendung als ich; ich konnte ihn noch nie leiden«, dann entspringt die ablehnende Haltung, die wir dem Bruder gegenüber hegen, nicht dem puren Zufall. Denken wir: »Mein Chef weiß mich nicht zu würdigen; ich bekomme nie die Anerkennung, die ich verdiene«, dann entsteht unser Widerwille der

Arbeit gegenüber in dem Augenblick, in dem uns dieser Gedanke in den Sinn kommt. Das Ganze geschieht blitzartig. Bis wir die Auswirkungen des eigenen Denkens zu spüren bekommen, vergeht kaum mehr Zeit als zwischen dem Drücken eines Schalters und dem Aufleuchten der Glühbirne.

Die unerwünschten Auswirkungen unserer Gedanken kommen in dem Moment zum Tragen, in dem wir vergessen, dass das Denken eine Funktion unseres Bewusstseins ist – eine Fähigkeit, die uns Menschen gegeben ist. Wir selbst sind die Schöpfer unserer Gedanken. Auch wenn wir nicht bis ins Letzte wissen, woher die Gedanken kommen, ist Denken etwas, das uns keineswegs widerfährt, sondern etwas, das wir *tun*. Es kommt aus unserem Inneren und wird nicht von außen an uns herangetragen. Unsere Gedanken bestimmen unsere Sichtweise, selbst wenn es manchmal gerade umgekehrt erscheinen mag.

Betrachten wir das Beispiel eines Profisportlers, der bei seinem letzten Meisterschaftsspiel vor dem Rückzug aus seiner aktiven Laufbahn einen gravierenden Fehler machte und seine Mannschaft damit um den Sieg brachte. Noch Jahre nachdem er seiner Sportlerkarriere den Rücken gekehrt hat, kommt er in Gedanken immer wieder zu diesem Fehler zurück. Auf die Frage, warum er so oft deprimiert sei, antwortet er: »Wie soll ich mich denn sonst fühlen, wo ich doch so einen idiotischen Fehler gemacht habe?« Er sieht sich nicht als Urheber seiner eigenen Gedanken, und er erkennt auch nicht, dass ebendiese Gedanken der Auslöser für seine üble Stimmung sind. Sagt man ihm, dass sein Denken den Nährboden für seine Depression bildet, weist er dies von sich: »Nein, ich bin deprimiert, weil ich damals den Fehler gemacht habe, und nicht, weil ich mir darüber Gedanken mache. Eigentlich denke ich ja nur ganz selten daran. Ich rege mich einzig und allein über die Fakten auf, über sonst nichts.«

Außer dem Fehler eines Profisportlers können wir eine Vielzahl anderer Beispiele heranziehen: eine gescheiterte Beziehung oder eine, die auf »wackligen Beinen« steht; eine finanzielle Fehlentscheidung; ein unbedachtes Wort, mit dem wir jemanden verletzt haben; Kritik, der wir uns beugen mussten; die Tatsache, dass unsere Eltern alles andere als perfekt waren; dass wir den falschen Beruf gewählt oder an den falschen Partner geraten sind – oder was auch immer.

Letztendlich läuft es stets auf dasselbe heraus: Wie wir uns nach alldem fühlen, hängt von unserem Denken und nicht von den äußeren Umständen ab. Immer wieder vergessen wir, dass wir selbst für unsere Gedanken und ihre Folgen verantwortlich sind, und so hat es oftmals den Anschein, als würden unsere Gefühle und Erfahrungen uns von außen aufgezwungen. Darum scheint es logisch, widrige Umstände für unser Unglück verantwortlich zu machen – Gegebenheiten, denen wir uns hilflos ausgeliefert fühlen.

Wir selbst sind die Schöpfer unserer Gedanken

Anders als bei den übrigen Funktionen oder Fähigkeiten, über die wir verfügen, fällt es uns schwer, zu begreifen, dass wir selbst die Schöpfer unserer Gedanken sind. Gern akzeptieren wir beispielsweise, dass unsere Stimme unserer Fähigkeit zu sprechen entspringt; sind wir uns doch deutlich bewusst, dass wir die Urheber der Laute sind, die aus unserem Munde quellen. Aber mit dem Denken ist das eine andere Sache.

Der amerikanische Philosoph und Psychologe William James behauptete einmal: »Das Denken ist der große Urheber der menschlichen Erfahrung.« Alles Erleben und jede Wahrnehmung hat das Denken zur Basis. Da es allem vorausgeht und sich quasi automatisch vollzieht, ist es grundlegender und unserem Wesen näher als jede andere unserer Eigenschaften und Fähigkeiten. Wir haben gelernt, unsere Gedanken so zu interpretieren, als seien sie die »Realität«. Dabei sind wir es, die diese Gedanken hervorbringen. Allzu leicht erliegen wir dem Irrglauben, nur weil wir etwas denken, müsse das Objekt unserer Gedanken, also der Denkinhalt, auch tatsächlich die Realität darstellen. Erst wenn wir erkennen, dass Denken eine *Fähigkeit* und keine Realität ist, können wir negative Gedanken loslassen.

Nehmen wir beispielsweise einmal an, Sie sitzen im Restaurant und haben versehentlich ein Glas Wasser verschüttet. Beim Aufschauen fällt Ihr Blick wie zufällig auf einen Mann, der zwei Tische weiter sitzt und, wie Sie glauben, missbilligend zu Ihnen herüberschaut. Ärger steigt in Ihnen auf: »Was will denn der Kerl?«, fragen Sie sich vielleicht. »Ist dem etwa noch nie ein Glas aus der Hand gerutscht? So ein Idiot!« Diese Gedanken wecken Frustrationsgefühle, und Sie sind womöglich schlecht gelaunt. In Wahrheit aber hatte der Mann gar nicht bemerkt, wie Sie das Wasser umstießen. Er war in Gedanken ganz woanders, denn er grübelte über einen Fehler nach, den er bei seiner Arbeit gemacht hatte. Er hatte weiß Gott anderes im Sinn, als sich mit Ihnen zu befassen. Ja, er hat Sie nicht einmal wahrgenommen.

Unglücklicherweise gerät jeder von uns ständig in ähnliche Situationen. Ob es dabei nun um mehr oder weniger Banales geht: Wir füllen unseren Kopf mit Fehlinformationen, die wir als »Realität« und nicht als selbst produzierte »Gedanken« einstufen. Wenn wir uns nur daran erinnerten, dass *wir* die Schöpfer unserer Gedanken sind, hätten wir im Restaurant durchaus erkennen können, dass es unsere eigenen Vorstellungen waren – und nicht ein anderer Mensch –, die uns so ärgerten.

Dieses Prinzip durchschaut und erkannt zu haben, wie es die menschliche Wahrnehmung von der Welt beeinflusst, ist eine wertvolle Gabe. Wir brauchen dann nicht mehr permanent auf Konfrontationskurs mit den Menschen unserer Umgebung zu sein. Wir können uns unsere positive innere Grundhaltung bewahren, weil wir nicht länger unkritisch jedem Gedankengang folgen, der uns durch den Kopf geht. Mag sein, dass wir keinerlei Kontrolle über das Tun und Handeln eines anderen Menschen haben, aber wir können uns immun machen gegenüber den negativen Auswirkungen unserer eigenen Vorstellungen über ihn – vorausgesetzt, wir haben verstanden, dass unsere Eindrücke eben nicht »objektive Realität« sind. Wie gesagt: Unsere Gedanken und nicht die äußeren Umstände bestimmen unsere Gefühle. Und das Fehlen negativer Gedanken macht Platz für positive Gefühle.

Unsere Gedanken bilden unsere Erfahrungen: Die Art und Weise, wie wir über etwas denken und – wichtiger noch – wie wir unserem eigenen Denken gegenüberstehen, bestimmt, wie sich ebendiese Ideen und Vorstellungen auf uns auswirken. Die äußeren Umstände selbst sind neutral. Darum kann und wird ein und derselbe Sachverhalt von mehreren Menschen meist unterschiedlich bewertet. In unserem Beispiel mit dem Restaurant wäre die Lappalie mit dem Wasserglas völlig belanglos gewesen, hätten wir uns bloß von unseren negativen Gedanken gelöst. Wer ein gesundes Verhältnis zu seinem Denken hat, der lässt seine Gedanken zwar zu, aber er lässt sich nicht von ihnen mitreißen und möglicherweise sogar aus der Fassung bringen.

Unser Verhältnis zum Denken

Die Auffassung der Menschen vom Verhältnis zwischen Denken und Realität variiert in folgender Bandbreite:

»Meine Gedanken
sind die Realität.«   →   sind bloß Gedanken.«

Auf der einen Seite des Spektrums finden wir den Menschen, der den Gedanken mit der »Realität« gleichsetzt. Aus klinischer Sicht wäre jemand, der eine solche extreme Anschauung vertritt, ein Psychotiker – jemand, der das Wort »Gedanke« nie verwenden würde. Ein Psychotiker erlebt das Gedachte als Realität. Für ihn gibt es keinen Unterschied zwischen beidem. Glaubt er, Stimmen zu hören, die ihn auffordern, aus dem Fenster zu springen, so wird er versuchen, ihnen Folge zu leisten; ist er überzeugt, ein Monster zu sehen, wird er davonlaufen. Was er auch denken mag, immer und ausnahmslos hält er seine Gedanken für die Wirklichkeit.

Auf der anderen Seite des Spektrums befindet sich der Idealfall des Menschen, der den Denkprozess durchschaut – jemand, der sowohl geistig gesund als auch glücklich ist, der seine eigenen Gedanken oder die der anderen nicht überbewertet, der sich von seinen Gedanken nur selten ins Bockshorn jagen oder sich seine gute Laune nehmen lässt. Wer auf dieser Seite der Skala angelangt ist, dem kann jede x-beliebige Idee durch den Kopf gehen, ohne dass er die Gewissheit verliert: »Es ist nichts als ein Gedanke.«

Die meisten von uns liegen natürlich irgendwo zwischen diesen beiden Extremen. Nur wenige nehmen jeden einzelnen ihrer Gedanken so ernst, dass man sie als psychotisch einstufen würde. Aber die Zahl derjenigen, die die Natur ihrer Gedanken so weit durchschauen, dass sie ganz rechts auf der Skala einzuordnen wären, ist noch weitaus geringer. Gelegentlich mögen wir es vielleicht einsehen, aber unser Geist schafft so viele Ausnahmen von diesem Prinzip, dass es uns verwehrt bleibt, diese Erkenntnis im Alltag zu verankern. Wenn dann mal wieder irgendetwas nicht auf Anhieb klappt, denken wir wahrscheinlich: »Mit dem Projekt werde ich wohl nie fertig werden«, statt uns zu sagen: »Aha, da sind sie wieder mal, die negativen Gedanken«, um sie alsbald zu verscheuchen. Vielleicht grübeln wir weiter: »Ich habe es ja gleich gewusst. Ich hätte mich nie an so etwas heranwagen sollen. Diese Art von Arbeit hat mir noch nie gelegen, und daran wird sich auch in Zukunft nichts ändern« –

und so weiter, und so fort. Wissen wir jedoch um die Natur unserer Gedanken, können wir solchen alltäglichen »Denkattacken« einen Riegel vorschieben, bevor sie uns aus der Balance bringen. Betrachten wir diese Art von Gedanken doch einmal wie das Hintergrundrauschen im Fernsehen. So wie wohl kein Mensch ernsthaft auf die Idee käme, derartige Störgeräusche auf ihren tieferen Sinn hin zu untersuchen, so abwegig ist es, sich eingehend mit dem »statischen Knistern« auseinander zu setzen, das unseren Gedankenfluss begleitet. Doch solange wir das Wesen des Denkens nicht durchschaut haben, kann sich selbst die winzigste Störfrequenz aufschaukeln und immer bedeutsamer werden, bis sie uns schließlich den ganzen Tag oder gar das ganze Leben verdirbt. Haben wir unsere negativen Gedanken erst einmal als »Hintergrundrauschen«, als Störung, interpretiert, können wir uns über sie hinwegsetzen. Sie bringen uns schließlich nicht weiter, ebenso wie die übertriebenen Zweifel an unserer Fähigkeit, ein Projekt zu bewältigen, uns wohl kaum dabei helfen werden, unser Vorhaben erfolgreich durchzuziehen.

Jeder Mensch produziert einen unablässigen Strom von Gedanken. Die meisten vergessen wir wieder, sie können aber ins Gedächtnis zurückgeholt werden. Doch wie dem auch sei – es sind und bleiben Gedanken. Und wenn wir über etwas nachdenken, heißt das noch lange nicht, dass wir uns die Gedanken auch zu Herzen nehmen und negativ auf sie reagieren müssen. Auf welche wir eingehen wollen und auf welche nicht, liegt in unserem Ermessen.

Die meisten von uns sind durchaus in der Lage, das hier beschriebene Prinzip nachzuvollziehen, solange es um unsere Mitmenschen geht. Sind wir jedoch selbst betroffen, sieht die Sache wieder ganz anders aus. Wenn wir zum Beispiel von einem genervten Autofahrer hören, der auf der Autobahn von einem anderen geschnitten und damit beinahe in einen Unfall verwickelt wird, nehmen wir es keinesfalls wörtlich, wenn diesem der Gedanke durch den Kopf geht: »Den Fahrer sollte man erschießen!« Während uns wohl bewusst ist, wie fatal es wäre, einen solchen Gedanken für bare Münze zu nehmen, stolpern wir bezüglich unserer eigenen Gedanken Tag für Tag von Malen in ebendiese Falle und geraten dadurch in allerhand teils ziemlich groteske Situationen. Was unsere eigene Person anbelangt, verfügen wir nämlich meist nicht über so viel Abstand: Unsere Gedanken erscheinen uns als so real, weil wir selbst sie hervorbringen.

Wir müssen unsere Gedanken nicht zu ernst nehmen

Der eigene, vergleichsweise harmlose Gedanke »Ob sie/er mich wohl mag? Ich glaube, kaum!« kann uns mehr Unbehagen bereiten als die wesentlich »bedrohlichere« Reaktion eines anderen wie im obigen Beispiel des Autofahrers. Denn die meisten von uns sind davon überzeugt, dass jeder unserer eigenen Gedanken wichtig ist und Beachtung verdient, während wir die Ideen anderer durchaus als weniger bedeutsam einstufen können. Denn ein eigener Gedanke ist etwas, mit dem wir unsere Realität aus unserem Inneren heraus formen. Er ist uns sehr nah, weswegen wir leicht übersehen, dass wir selbst sein Urheber sind. Unsere Fähigkeit zu denken, hilft uns, das, was uns widerfährt, zu deuten – sie ist grundlegend wichtig, denn sie ermöglicht es uns, den Sinn unseres Daseins zu erforschen. Haben wir die eigentliche Natur und Aufgabe des Denkprozesses verstanden, brauchen wir nicht mehr jedem Gedanken, der uns zufällig in den Sinn kommt, so viel Bedeutung beizumessen. Wir können das Ganze etwas leichter nehmen.

Wie gesagt, sind unsere Gedanken nicht die »Realität«, sondern nur der Versuch, eine Situation zu interpretieren. Die Deutung unseres Erlebens führt zu einer emotionalen Reaktion. Folglich sind unsere emotionalen Reaktionen nicht das Ergebnis dessen, was uns widerfahren ist, sondern ein Produkt unseres Denkens, unseres Glaubens.

Wie unterschiedlich ein und dasselbe Ereignis interpretiert wird, kann man beispielsweise an einem Zirkus verdeutlichen, der in die Stadt kommt: Für alle Freunde des Manegenspektakels ist dies ein Anlass zur Freude – für die Gegner hingegen eine unliebsame Verkehrsbelästigung bzw. Störung. Die Reihe solcher Beispiele ließe sich fortsetzen. Haben wir das Prinzip erst einmal verstanden, können unsere Gedanken ein echtes Geschenk und eine wertvolle Hilfe sein. Anderenfalls aber können wir zu Opfern unseres eigenen Denkens werden und uns in unserer Lebensqualität einschränken, das Leben kann zum Kampf, wenn nicht gar zum Krieg werden.

Wie glücklich oder unglücklich wir sind, scheint von den jeweiligen Umständen abzuhängen. In Wirklichkeit aber richtet sich unser seelisches Wohlbefinden nicht nach den äußeren Einflüssen, sondern danach, wie wir diese interpretieren. Deshalb können zwei Menschen so völlig verschiedene Ansichten zu ein und derselben Angelegenheit haben. Lernen wir, unsere negativen Gedanken – wie oben beschrieben – als eine Art »mentales Hintergrundrauschen« einzuordnen, brauchen wir ihnen nicht mehr so viel Beachtung zu schenken.

Die Natur der Gedanken zu durchschauen, ermöglicht uns, in einem Zustand der Ruhe und Gelassenheit zu leben und eine positive, zufriedene und durch Leichtigkeit charakterisierte Grundhaltung einzunehmen. Bleibt unseren Gedanken – vor allem den negativen – die Beachtung versagt, ergreift uns immer mehr ein angenehmes Gefühl der Gelassenheit. Das heißt keinesfalls, dass der Mensch nicht zu denken braucht. Ganz im Gegenteil! Es bedeutet vielmehr, dass wir uns nicht unnötig mit *negativen* Gedanken – also jeder Form von Sorgen und Grübelei – aufhalten sollten, da sie uns das rauben, wonach wir suchen: das Gefühl, glücklich zu sein. Wer zufrieden ist, schafft Raum für neue, kreative Gedanken und eröffnet sich jene kindliche Form der spielerischen Konzentration, die das Staunen und das Abenteuer in den Alltag zurückbringt.

Aus dieser spielerischen Konzentration heraus können wir anderen liebevoll zuhören. Sie gestattet es uns, selbst kritischen Worten gegenüber gelassen zu bleiben, weil wir sie nicht mehr als Affront interpretieren – wir nehmen sie einfach nur als Information zur Kenntnis.

Letztlich entscheidet unser Verhältnis zu unserem eigenen Denken über unsere geistige Gesundheit und innere Zufriedenheit. Wenn Sie sich bewusst sind, dass das Denken eine Funktion ist und die Gedankeninhalte nicht mit »der Realität« zu verwechseln sind, können Sie Ihre Gedanken aus einem Zustand der spielerischen Konzentration heraus wahrnehmen und vor dem inneren Auge vorüberziehen lassen, statt jede noch so banale Idee unbedingt abwägen und analysieren zu müssen.

Laura und Steve

Laura ist unterwegs zu ihrem Freund Steve. Im Autoradio wird darüber berichtet, wie viele Ehen vor dem Scheidungsrichter enden. Sie fragt sich: »Ob Steve und ich wohl jemals heiraten werden? Ob sich das überhaupt lohnt? Wer weiß, wie unsere Ehe aussehen würde? Steve ist seinem Vater so ähnlich, und der ist schließlich auch geschieden. Er kommt dauernd zu spät, und er arbeitet viel zu viel. Ob ich ihm wohl genauso wichtig bin wie seine Arbeit? Ob ihm unsere Kinder wohl ebenso wichtig wären?«

Laura war sich ihrer Gedanken nicht bewusst. Sie beschäftigte sich nur einen Moment lang damit. Nehmen wir an, Laura sei (wie die meisten Menschen) überzeugt, dass alles, was ihr in den Sinn kommt, Beachtung finden sollte und ernst zu nehmen sei. Statt sich als subjektive *Urheberin* ihrer Gedanken zu begreifen, glaubt sie, deren Inhalt müsse von objektiver Richtigkeit sein. Folglich macht sie sich »berechtigte« Sorgen über ihre Beziehung und beschließt, das Thema bei Steve anzusprechen. Für den Rest der Fahrt beschäftigt sie sich mit ihren wachsenden Sorgen.

Die Alternative könnte so aussehen: Laura begreift, dass sie ihr Erleben mit ihrer Art zu denken prägt. Haargenau dieselben Gedanken gehen ihr durch den Kopf, und einen Augenblick lang spürt sie, wie sie von den unangenehmen Auswirkungen ihrer Grübelei tangiert wird. In diesem Moment fällt ihr ein, dass die Sorgen hinsichtlich ihrer bislang gut funktionierenden Beziehung nicht von Steve, sondern von ihren eigenen Gedanken ausgingen. Wenige Sekunden bevor sie den Bericht im Radio gehört hatte, war ihr noch durch den Kopf gegangen, wie gut es ihnen miteinander ging. Zu dem Zeitpunkt war sie noch in jenem angenehmen Gefühlszustand gewesen, in dem ihre Gedanken einfach »vor sich hin plätscherten«, ohne analysiert zu werden. Als ihr das klar wird, schmunzelt sie über sich selbst und ist dankbar, dass sie nicht mehr das Opfer ihrer Gedanken ist. Sie kehrt bewusst in den Zustand spielerischer Konzentration zurück und lässt ihre Gedanken los. Für den Rest der Fahrt genießt sie ihre Lieblingsmusik und freut sich des Lebens.

Auf Gedanken reagieren oder nicht – wir haben die Wahl

Die meisten Menschen gehen wohl davon aus, dass es schon einen guten Grund haben muss, wenn uns etwas durch den Kopf geht; es müsse sich um ein Abbild der Realität handeln, das nach unserer Aufmerksamkeit verlangt und Handlungsbedarf signalisiert. Wer jedoch das Prinzip der Gedanken durchschaut, weiß, dass dies ein Trugschluss ist. Wenn etwas in unseren Geist kommt, dann sollten wir es als das erkennen, was es zunächst ist – ein mehr oder weniger flüchtiger Gedanke. Das bedeutet keineswegs, dass wir nicht auf unsere Gedanken reagieren können oder sollen, aber es bleibt uns überlassen, ob wir es tun oder nicht. Es ziehen uns jeden Tag Tausende von Gedanken durch den Kopf. Im Prinzip ist keiner wichtiger als der andere. Haben wir das erst einmal verinnerlicht, hat unser Denken nicht länger die Macht, uns die Qualität unseres Lebens zu diktieren. Stattdessen können wir uns dazu entschließen, in jenem angenehmeren Gefühlszustand zu verweilen, wie er aus einer spielerischen geistigen Konzentration erwächst.

Wenn wir uns einen aufwühlenden oder gar horrormäßigen Film anschauen und es dann noch fertig bringen, ins Restaurant zu gehen und das Essen herunterzubekommen, so liegt das daran, dass wir von dem Geschehen auf der Leinwand immer einen Schritt auf Distanz bleiben. Wir wissen, dass das Ganze nur Kino ist. Wenn der Film endet, ist er aus. Wir nehmen ihn nicht mit in unseren Alltag. Etwas Vergleichbares trifft für unsere Gedanken zu. Sie spielen sich »nur« in unserem Geist ab. Ist ein Gedanke aus dem Sinn gekommen, ist er passé – bis er uns wieder einfällt. Von einem Gedanken an sich brauchen wir nichts zu befürchten, wenn wir erst einmal verstanden haben, dass er eben nichts als ein Gedanke ist.

Das wohl größte Missverständnis in diesem Zusammenhang besteht in dem Glauben, unser Ziel sei es, die eigenen Gedankeninhalte unter Kontrolle zu bringen. Das Ziel lautet jedoch, den Denkprozess als das zu identifizieren, was es ist: eine Fähigkeit, die uns gegeben wurde, um die Realität von innen heraus zu prägen. Nicht mehr und nicht weniger. Es ist nicht der Gedanke selbst, der die Qualität unseres Lebens bestimmt, sondern der Standpunkt, den wir unserem eigenen Denken gegenüber einnehmen – die Art und Weise, in der wir unsere Gedanken formieren und auf sie reagieren.

Die Analogie zum Traum

Wie oft kommt es vor, dass wir morgens aufwachen und staunen: »Unglaublich! Mein Traum war so real.« Doch wie wirklich uns ein Traum auch immer erscheinen mag, wir erkennen stets, dass es eben keine Realität war. Wenn wir also träumten, dass wir in die Werkstatt gefahren wären und der Mechaniker unser Auto erst richtig kaputt gemacht hätte, würden wir im Wachbewusstsein wohl kaum zu ihm hinfahren, um uns zu beschweren. Es ist uns klar, dass Träumen nichts anderes ist, als im Schlaf zu denken. Übertragen wir dies auf das Prinzip der Gedanken im Wachzustand, das uns auch überaus real erscheint, brauchen wir unsere Gedanken nicht länger als objektive Wahrheit zu betrachten.

Die zwei Aspekte des Denkens

Es gibt zwei Aspekte des Denkens, die zu verstehen überaus wichtig ist: zum einen die Tatsache, *dass* wir denken; dass diese menschliche Funktion überhaupt existiert. Es geht nicht um das, woran wir denken, den Denkinhalt, sondern darum, zu erkennen, dass wir die Denker sind, die eine unablässige Flut von Gedanken erzeugen, die uns dann durch den Kopf gehen. Der zweite, viel häufiger beobachtete Aspekt ist eben der Denk*inhalt,* also das, *worüber* wir nachdenken. Es gibt einen gravierenden Unterschied zwischen diesen beiden Aspekten. Die Vertreter des positiven Denkens meinen, man solle so oft wie möglich positive Gedanken produzieren und negative weitgehend ausschalten. Es stimmt zwar, dass wir uns besser fühlen, wenn uns erfreuliche Dinge durch den Kopf gehen, als wenn wir über die Schlechtigkeit der Welt nachgrübeln; dennoch ist das Konzept des positiven Denkens in der Hinsicht unrealistisch, als es auf der Annahme basiert, dass das Denken an sich die Realität sei, von der wir betroffen sein müssten. Aber ob positiv oder negativ: Das Denken an sich ist eine *Funktion* – nicht mehr und nicht weniger.

Sehen wir unsere Gedanken als das, was sie in Wirklichkeit sind, können wir sie einordnen, ob sie nun positiv oder negativ geartet sind. Ein »Positivdenker« steht unter dem permanenten Druck, ausschließlich »gute« Gedanken hervorbringen zu müssen – eine Aufgabe, die enorme Mühe und Konzentration erfordert, sodass nur wenig Energie für neue, kreative Gedanken bleibt. Wenn sich dann doch einmal negative Überlegungen einschleichen (und das wird zwangsläufig geschehen), muss der Positivdenker ihre Existenz verleugnen und sie mit positiven übersteuern.

Wer die Natur der Gedanken durchschaut, muss sich nicht den Zwang antun, sein Denken inhaltlich in eine bestimmte Richtung zu lenken. Er betrachtet das Denken als eine »neutrale« Funktion des Bewusstseins, eine dem Willen unterworfene Fähigkeit, die unser Erleben prägt. Das bedeutet natürlich nicht, dass jemand, der den Denkprozess als Funktion begreift, absichtlich negative Gedanken produziert. Es heißt noch nicht einmal, dass ihm überhaupt je negative Gedanken durch den Kopf gehen. Er weiß nur, dass negative Gedanken an sich nicht die Macht haben, ihn zu verletzen. Für ihn ist ein Gedanke von vornherein weder positiv noch negativ, sondern lediglich ein Gedanke.

Die Geschichte von Stacey

Das Denken als reine Funktion des Bewusstseins bleibt so lange ohne Inhalt, bis wir ihm einen geben. Unsere Glaubenssätze, Lebensanschauungen, Grundannahmen und Meinungen bestimmen unsere Denkinhalte. Das Denken an sich jedoch ist wertfrei – wie gesagt: eine Hülle, die so lange leer bleibt, bis wir sie mit Bedeutung füllen.

Nehmen wir beispielsweise einmal an, dass die Eltern von Stacey, als sie noch sehr klein war, ein Vollzeitkindermädchen engagiert hatten, das sogar mit im Haus lebte. Als Erwachsene war Stacey überzeugt, dass es für gute Eltern einfach dazugehöre, sich so viel Zeit wie möglich für die eigenen Kinder zu nehmen. Als sie eines Tages über ihre Eltern nachdachte, kam es ihr auf einmal so vor, als ob sich diese nicht genügend um sie gekümmert hätten. Schließlich hatten sie für ihre Betreuung ein Kindermädchen engagiert. Warum hatten sie sie nicht selbst großgezogen? Vielleicht war sie ihnen doch nicht so wichtig, wie sie immer vorgaben.

Aber wie kann Stacey das wissen? Was veranlasst sie zu ihrer Schlussfolgerung? Wer hat ihr diesen Denkinhalt bezüglich einer guten Elternschaft in den Kopf gesetzt? – Sie selbst! Am Anfang war es nichts als ein einfacher Gedanke, bis sie folgenden Inhalt hinzufügte: »Vielleicht war ich meinen Eltern nicht so wichtig, wie ich immer meinte.« Einmal ganz abgesehen davon, dass Stacey eine intakte, liebevolle Beziehung zu beiden Elternteilen hatte ... Nimmt sie diesen Gedanken ernst und lässt sie sich von ihm leiten, wird ihr das garantiert aufs Gemüt schlagen. Sie könnte sich mit ihren Freunden und ihrem Mann darüber unterhalten, oder sie könnte es sogar ihren Eltern gegenüber zur Sprache bringen, wenn es ihr wirklich so wichtig ist. Die Populärpsychologie würde ihr auch zu letzterem Schritt raten – das »statische Rauschen« zu analysieren und darauf zu reagieren. Der Gedanke, sich eine Last von der Seele zu nehmen, indem man über die eigenen Gefühle spricht, wird allgemein befürwortet. Aber stimmt das auch? Würde Stacey verstehen, woher ihre Gefühle in Wirklichkeit kommen, würde sie auch dann noch mit ihren Eltern darüber reden?

All dieser Schmerz und noch viel mehr Leid entsteht aus einem einfachen Missverständnis von der Natur der Gedanken. Anstatt ihr Denken als etwas zu betrachten, das sie permanent tut, neigt Stacey dazu, sich ihre Gedanken zu Herzen zu nehmen. Hätte sie erkannt, was eigentlich passierte, hätte sie ihre negativen Gedanken im Hinblick auf ihre Kindheit fortschicken, sich ihr positives Gefühl bewahren und derartige Zweifel vermeiden können.

Die Geschichte von Stacey und dem Kindermädchen wird uns im Folgenden mehrfach wiederbegegnen, um zu verdeutlichen, wie sich durch das Zusammenspiel der fünf Prinzipien ein glücklicheres Leben verwirklichen lässt.

Denksysteme

Die Summe unserer Gedanken formiert sich mit der Zeit zu einem »Denksystem« von Beurteilungskriterien, das man als eine Art »Brille« auffassen kann, durch die wir die Welt betrachten. Jede unserer Entscheidungen, Reaktionen und Interpretationen ist von unserem persönlichen Denksystem gefärbt. Es funktioniert wie ein Filter, den alle Informationen passieren müssen, bevor sie in unser Bewusstsein vordringen können. Es ist ein komplexes, perfekt gewobenes Muster von Gedanken, die zu Konzepten, Glaubenssätzen, Erwartungen und Meinungen verknüpft sind. Ebendieses Denksystem versetzt uns in die Lage, neue Gegebenheiten oder Situationen mit unseren bisherigen Erfahrungen zu vergleichen.

Es enthält alle Informationen, die wir im Laufe unseres Lebens gespeichert haben; und auf dieses »Datenarchiv« greift das Denksystem zurück, um die relative Bedeutung von allem und jedem zu bewerten, was uns in unserem Leben widerfährt. In diesem Sinne ist das Denksystem die Quelle der *konditionierten* Gedanken. Wer sich darauf verlässt, lenkt seine Gedanken entlang der gewohnheitsmäßigen Bahnen und betrachtet die Dinge aus seinem *gewohnten* Blickwinkel. Aus diesem Fundus greifen wir unsere »Routinereaktionen« auf das Leben heraus.

Von unserem Denksystem beziehen wir unsere Variante des
»So ist das Leben nun einmal«. Wir haben es hier mit einem
psychischen Mechanismus zu tun, von dem wir uns sagen lassen, wann wir Recht haben und wann unsere Einschätzung der
Dinge zutreffend bzw. gerechtfertigt ist. Es handelt sich um ein
durch und durch starres Gebilde, das keine Einmischungen von
außen zu dulden scheint. Und es rechtfertigt sich stets aus sich
selbst heraus. Hat sich in unserem Denksystem beispielsweise
die Vorstellung festgesetzt, dass die Schulen in unserem Lande
schrecklich und die Ursache für die meisten Probleme der Na-
tion seien, dann ist folgendes Szenario vorstellbar: Wir lesen die
Abendzeitung, und zwar ganz unten mit der Überschrift »21
Schüler bei regionalem Lesetest durchgefallen«. Ha! Da sehen
wir's! Wir haben wieder mal Recht gehabt. Gleich wird der
Artikel dem Ehepartner unter die Nase gehalten: »Siehst du,
unser Schulsystem steht kurz vor dem Zusammenbruch. Ich
habe es dir schon immer gesagt.« Dabei haben wir übersehen,
dass auf der Titelseite derselben Zeitung in großen Lettern stand:
»Schulnoten im Bundesdurchschnitt um 17 Prozent besser als
vor fünf Jahren!« Aber so funktioniert nun einmal unser Denksystem: Wir sind dermaßen »verdrahtet«, dass es stets eine logi-
sche Verbindung zwischen den Dingen zu geben scheint, die
wir für wahr halten. Innerhalb unseres eigenen Denksystems
werden uns unsere Glaubenssätze immer absolut plausibel vor-
kommen.

Unser Denksystem vermittelt uns den Eindruck, wir seien
Realisten, die die Welt so sehen, wie sie wirklich ist. Die Tatsache, dass ein Mensch eine Situation als Chance begreift, während
ein anderer, ebenso intelligenter Mensch ein größeres Problem
darin sieht, bringt unsere Einstellung gegenüber unserem Denksystem nicht ins Wanken. Man verwirft den anderen Standpunkt einfach als abwegig oder als gut gemeint, aber falsch oder
leicht daneben.

Als Speicher von Erinnerungen – von allen Informationen, die wir zeitlebens gesammelt haben – verleitet uns unser Denksystem dazu, die Dinge auch künftig so zu sehen, wie wir sie immer gesehen haben. Mal um Mal reagieren wir auf ein und dieselbe Situation oder die gleichen Umstände negativ (bzw. positiv) und interpretieren unser aktuelles Erleben so, wie wir es in der Vergangenheit getan haben. Wer glaubt, dass der Mensch von Natur aus kritisch sei, geht sofort in die Defensive, wenn ihm jemand einen Vorschlag macht, ganz gleich, ob der nun Kritik enthält oder nicht. Dieses Muster wird so lange ein Thema für ihn bleiben, bis er die Beschaffenheit von Denksystemen – und insbesondere seinem eigenen – durchschaut. Erst dann wird ihm klar, dass er nicht die Realität oder Wahrheit sieht, sondern die durch sein eigenes Denken geprägte *Interpretation* der Realität.

Unser Denksystem ist uns so vertraut, dass uns seine »Informationen« wahr und zutreffend erscheinen. Da es sich aus sich selbst heraus rechtfertigt, akzeptieren wir uns bekannte Vorstellungen und verwerfen alles andere. Aus diesem Grunde kommt es so selten vor, dass ein Mensch seine politischen oder religiösen Anschauungen ändert; man scheut sich sogar davor, diese im engsten Familien- oder Freundeskreis zur Diskussion zu stellen. Man hat »die Wahrheit gepachtet« und kann zig Beispiele und Argumente zur Untermauerung seines Standpunkts anführen. Gleichzeitig »weiß« man, dass die anderen in ihrer Verbohrtheit »die Wahrheit nicht begreifen können« und dass sich daran auch in Zukunft wohl kaum etwas ändern wird. Man kennt dieses Aufeinanderprallen verschiedener Denksysteme – in der Regel eine für alle Beteiligten höchst unbefriedigende Angelegenheit. Aus diesem Grunde scharen sich Gleichgesinnte so gern zusammen und reagieren ungeduldig auf Andersmeinende.

Wenn wir uns die Natur des Denksystems vor Augen führen, können wir dieses Muster durchbrechen. Sobald wir wissen, dass die anderen (und wir selbst), ohne sich darüber im Klaren zu sein, ihre Glaubenssätze als Realität deuten, können wir uns von dem Wunsch lösen, immer Recht haben zu müssen. Wir können erkennen, dass unsere Auffassungen nichts als das Ergebnis vergangener Konditionierungen und Erfahrungen sind. Wäre unsere Vergangenheit anders verlaufen, so hätten wir andere Vorstellungen vom Leben. Auch die Anschauungen unserer Mitmenschen beruhen auf ihren früheren Erfahrungen. Wären sie anderen Umständen ausgesetzt gewesen, hätte sich auch bei ihnen eine völlig andere Sicht der Welt herausgebildet.

»Das mag sein«, werden Sie mir entgegenhalten. »Aber das ändert nichts daran, dass meine Weltanschauung in meinen Augen gut und richtig ist. Darum würde ich sie selbst dann nicht ändern, wenn ich es könnte.« Doch es geht *nicht* darum, das eigene Denksystem oder die Weltanschauung zu ändern, sondern nur darum, sich deren »zufällige« Natur vor Augen zu führen. Um das Maß an Frustration in unserem Leben zu reduzieren, müssen wir uns lediglich über die *Existenz* des Denksystems klar werden und uns nicht mit seinen Inhalten befassen. Ohne das Vorhandensein unterschiedlicher Denksysteme anzuerkennen, fällt es uns schwer, andere Meinungen überhaupt anzuhören. Was andere sagen und tun, interpretieren wir anhand dessen, was wir bereits wissen. Ob uns eine Information, die an uns herangetragen wird, sinnvoll erscheint oder nicht, beurteilen wir anhand unseres bisherigen Wissensschatzes. Passt sie nicht in das von uns akzeptierte Wertegerüst hinein, neigt unser Denksystem dazu, sie zu verwerfen. Kurzum, neue Informationen sind normalerweise in unserem bestehenden Denksystem unerwünscht. Aus ebendiesem Grund lassen wir uns von den gleichen Ereignissen oder Umständen immer wieder aufs Neue aus der Bahn werfen. Wir haben zwischen bestimmten Ereignissen und Reaktionen ständig abrufbare Verknüpfungen von Ursache und Wirkung hergestellt.

Wir könnten beispielsweise davon ausgehen, dass jeder, der uns eine Anregung gibt, dies aus einer Missachtung unserer Person heraus tut. Wir hinterfragen diese Auffassung nicht, weil unser Denksystem seine Anschauung – wie gesagt – aus sich selbst heraus für gültig erklärt. Sie stellt sich uns als wahre, exakte Auffassung vom menschlichen Wesen dar. Selbst wenn uns jemand versichert, dass unsere Vermutung jeder Grundlage entbehrt, werden wir diesen Einwand mit den Gedanken entkräften, dass der andere entweder verborgene Motive hat oder sich seiner Feindseligkeit uns gegenüber nur nicht bewusst ist ... Wie lange es auch dauern mag, wir werden stets versuchen, uns unseren bestehenden Glaubenssatz zu bestätigen und uns zu beweisen, dass wir Recht haben, selbst wenn wir darunter gefühlsmäßig noch so sehr leiden.

Wenn wir aber die Natur des Denksystems durchschauen, fangen wir an, über den eigenen Tellerrand hinauszusehen und den Wert anderer Standpunkte zu erahnen. Was wir bis dahin für Kritik hielten, stellt sich uns fortan als die Meinung unseres Gegenübers dar, die durch sein persönliches Denksystem geprägt ist. Auf diese Weise können wir uns unerquickliche Auseinandersetzungen weitgehend ersparen und Gefühle von Widerwillen, Verunsicherung und Zorn auf Andersmeinende aus unserem Leben verbannen. Ist uns erst einmal bewusst geworden, wir starr unser Denksystem ist, dann erwarten wir von den anderen auch nicht mehr, dass diese unseren Standpunkt übernehmen.

Bob und Carol, Ted und Alice

In dem folgenden Beispiel wollen wir einmal das Verhalten zweier Paare beobachten. Paar A (Bob und Carol) weiß um die Natur des Denksystems, Paar B (Ted und Alice) hingegen nicht.

Paar A: Bob und Carol haben ein kleines Kind, das beide über alles lieben. In der ernsthaften Absicht, seine Frau etwas von ihren Pflichten zu entlasten, bietet Bob an, sich freizunehmen, um das Baby zum Impftermin beim Arzt zu bringen. Er hält dies nicht unbedingt für einen der angenehmsten Aspekte des Elterndaseins, erklärt sich aber dennoch dazu bereit. Carol, die es für wichtig hält, das Kind selbst zu begleiten, um ihm so ihre Zuneigung zu zeigen, weiß das Angebot ihres Mannes zwar zu schätzen, lehnt aber dennoch dankend ab. Sie begreift, dass das Denksystem ihres Mannes andere Hilfsangebote hervorbringt als ihr eigenes. Und was noch wichtiger ist: Sie ist sich darüber im Klaren, dass sie ein eigenes Denksystem mit all seinen verschiedenen Bedürfnissen, Glaubensansätzen und Wünschen hinsichtlich ihrer Rolle als Mutter hat. Und so kann sie in aller Gelassenheit beschließen, ihr Kind doch besser selbst zum Arzt zu bringen, ohne dass Bob pikiert ist.

Paar B: gleiches Szenario, anderes Verständigungsniveau. Ted, dem sein Kind genauso wichtig ist wie Bob das seine, macht ein ebensolches Angebot. Alice aber hat noch nichts von Denksystemen gehört. Für sie bedeutet diese Art von Hilfsangebot, dass ihr Mann an ihren mütterlichen Qualitäten zweifelt. Außer wenn es sich um einen Notfall handelt, würde sie auch nie einer ihrer Freundinnen etwas Derartiges anbieten, weil sie »weiß«, dass es für eine verantwortungsbewusste Mutter einfach dazugehört, das eigene Kind zur Impfung zu begleiten. Sie reagiert auf das Angebot ihres Mannes verstimmt und wirft ihm vor, ihre erzieherischen Fähigkeiten nicht zu würdigen. Da Ted von Denksystemen ebenso wenig versteht wie sie, nennt er Alice eine »undankbare Zicke«. Der Ehekrach, der daraufhin entbrennt, verdirbt beiden für Tage hinweg die Stimmung.

Dies ist nur ein Beispiel für einen typischen Streit, wie er aus einem mangelnden Verständnis von der Natur der Denksysteme entstehen kann. Hätte einer von beiden – Ted oder Alice –

dieses Wissen gehabt, wäre es nie zu dem Streit gekommen. Die
Frau hätte das Angebot ihres Mannes zur Kenntnis genommen
und ungeachtet ihrer eigenen Gefühlslage mit Worten wie »Nein,
danke, ich mache es lieber selbst« geantwortet. Oder Ted hätte
es nicht erst zum Streit kommen lassen, weil er die Reaktion von
Alice erahnt hätte. Er wäre in der Lage gewesen, seinen Wunsch
zu helfen auf offene, liebevolle Weise vorzubringen. Und selbst
wenn seine Frau nicht auf seine Freundlichkeit reagierte, hätte
er ihren Angriff nicht so persönlich genommen. Stattdessen
hätte er das Problem in der Unterschiedlichkeit zweier Denksysteme geortet, die miteinander Pingpong spielen; denn genau
das war geschehen. Zwei Gedankensysteme können sich – wenn
man sich ihrer nicht bewusst ist – ebenso wenig auf gleicher Au-
genhöhe begegnen, wie zwei Menschen mit unterschiedlicher
Sprache sich ohne Dolmetscher verständigen können.

Bezeichnenderweise waren sowohl Carol als auch Alice glei-
chermaßen davon überzeugt, dass sie selbst das Kind zum Arzt
bringen müssten. Ihr unterschiedliches Verhalten basierte nicht
auf ihrer Meinung oder den äußeren Umständen, sondern auf
ihrem tieferen Verständnis. Carol wusste, dass sie ihre Meinung
aus ihrem Denksystem bezog, während Alice glaubte, sie sei ihr
aus der Mutterrolle heraus erwachsen. Sie war sich sicher, dass
bestimmte Aufgaben einer Mutter wichtiger wären als andere,
und interpretierte das Angebot ihres Mannes als Angriff auf
ihre erzieherische Qualifikation.

Wenn wir um die Funktionsweise menschlicher Denksysteme wissen, können wir derartige unnütze Streitereien und die
sich daraus ergebenden unangenehmen Gefühle vermeiden.

2
Das Prinzip der Stimmungen

Man hat Stimmungen; doch wehe dem,
den die Stimmungen haben.
Sprichwort

Ebenso wie ein jeder von uns *unablässig* denkt, so ändert sich ständig unsere Achtsamkeit gegenüber der Tatsache, dass *wir selbst* es sind, die all die vielen Gedanken hervorbringen. Dieses permanente Schwanken unseres Bewusstseins von der eigenen Urheberschaft unserer Gedanken drückt sich in wechselnden »Stimmungen« aus: Hoch, tief, hoch, tief – der »Pegel« unserer Stimmungen ist unablässig in Bewegung, Minute für Minute, Tag für Tag. Bei manchen Menschen sind solche Stimmungsschwankungen kaum merklich, bei anderen äußern sie sich extrem.

Doch wie dem auch sei, Tatsache bleibt: Unsere Emotionen verharren nie lange in ein und demselben Zustand: Gerade scheint im Leben alles glatt zu laufen, und plötzlich passiert wieder etwas, dessentwegen unsere Stimmung in den Keller sackt bzw. wir uns auf holprigem Terrain bewegen. Oder aber es kommt uns alles hoffnungslos vor, bis sich auf einmal unsere Stimmung hebt und uns alles nur noch halb so schlimm zu sein scheint.

Solange wir in Hochstimmung sind, erscheint uns das Leben lebenswert. Wir sehen Perspektiven und können uns auf unseren gesunden Menschenverstand verlassen. Belastungen kommen uns weniger hart vor, Probleme wirken weniger gravierend und leichter lösbar. In diesem Zustand funktionieren unsere Beziehungen reibungslos, und die Kommunikation gestaltet sich leicht und spielerisch. Steht das Stimmungsbarometer hingegen auf null, empfinden wir das Leben als unerträglich ernst und

schwer. Es gibt kaum Perspektiven, und jedermann scheint es
auf uns abgesehen zu haben. Alles scheint sich nur um uns zu
drehen. Wir nehmen jede Kleinigkeit persönlich, und oft verstehen wir die anderen nicht richtig.

Diese Beschreibung der menschlichen Stimmungen ist univer-
sal. Sie gilt für jedermann. Kein Mensch kann glücklich, char-
mant und ein guter Gesellschafter sein, wenn er im Stimmungstief steckt. Und niemand ist schlapp, abwehrend, wütend oder
stur, wenn er sich auf einem stimmungsmäßigen Höhenflug befindet.

Unsere Stimmungen wandeln sich ständig

Die Menschen sind sich nicht darüber im Klaren, dass es ihre
Stimmungen sind, die sich in einem ständigen Auf und Ab befinden. Stattdessen meinen sie, es sei ihr Leben, das sich von
heute auf morgen oder von einer Stunde zur anderen verschlechtert habe.

Betrachten wir einmal das Beispiel eines meiner Klienten, der
zu mir in die Praxis kam, weil er glaubte, mit seiner Frau ernst-
liche Beziehungsschwierigkeiten zu haben. Er erschien zu zwei
Sitzungen, die wir an aufeinander folgenden Tagen vereinbart
hatten. Bei seinem ersten Termin sprühte er nur so vor Begeis-
terung und schwärmte, wie viel Spaß er am Wochenende mit
seiner Frau gehabt hätte. Seinen Worten zufolge hatten sie miteinander gelacht, gespielt, geredet und romantische Spaziergänge
unternommen. Er war in offensichtlicher Hochstimmung. Am
nächsten Tag hingegen beschwerte er sich darüber, wie gleich-
gültig seine Frau angesichts all der vielen Dinge sei, die er für sie
tat. »Sie würdigt einfach nicht, was ich mache«, behauptete er.
»Sie ist die undankbarste Person, die ich kenne.«

»Und was ist mit gestern?«, erkundigte ich mich. »Haben Sie
mir nicht erzählt, wie wunderbar es mit ihr gewesen sei?«

»Das habe ich auch so empfunden. Aber da lag ich total schief. Ich habe mir meine ganze Ehe über immer nur was vorgemacht. Ich glaube, ich lasse mich scheiden.«

So ein abrupter Richtungswechsel mag absurd oder sogar komisch erscheinen, doch so kann es jedem gehen. Ist unsere Stimmung schlecht, können wir nicht mehr richtig zuhören, und wir verlieren den Sinn für das rechte Maß. Alles im Leben erscheint uns ernst, wichtig und dringend.

Stimmungen sind Teil des menschlichen Lebens

Stimmungen zu haben, ist ein natürliches Phänomen. Wir können ihnen nicht entgehen. Durch das Lesen dieses Buches werden Sie das unablässige Wechselspiel Ihrer Launen nicht los. Das ist schlichtweg nicht machbar. Möglich ist jedoch, zu verstehen, dass Stimmungen Teil unseres Lebens sind. Anstatt in einem Tief festzustecken in dem Glauben, unsere Wahrnehmung der Wirklichkeit sei real, können wir lernen, unser Urteil zu hinterfragen, wenn wir uns in dieser Verfassung befinden. Je nach Stimmung sehen wir die Welt und das, was uns widerfährt, mal so und mal so. Ist die Laune schlecht, können wir dazu übergehen, das einfach hinzunehmen, wie es ist: als unvermeidlichen Zustand, der mit der Zeit vergeht, wenn man voranschreitet und ihm nicht allzu viel Beachtung schenkt.

Wissen wir um das Auf und Ab unserer Stimmungen, können wir lernen, Hochphasen zu genießen und Tiefs in Würde zu durchschreiten. Dies steht in krassem Gegensatz zu dem, was die meisten von uns tun, wenn sie schlechte Laune haben; denn üblicherweise zermartern wir uns den Kopf und suchen krampfhaft nach einem Ausweg aus unserer Misere. Aber sich per Willenskraft aus einer desolaten Stimmung zu befreien, ist ebenso unmöglich, wie sich dazu zwingen zu wollen, etwas gern zu

tun, was einem zutiefst widerstrebt. Je mehr Anstrengung (oder
Gedankenenergie) man investiert, desto tiefer rutscht man ab.

Weil uns das Leben vor dem Hintergrund einer gedrückten
Stimmung so überaus ernst erscheint, bekommt alles eine gewisse Dringlichkeit. Aus diesem Grund werden die meisten Be-
ziehungsdiskussionen geführt, wenn das Stimmungsbarometer
ganz unten steht, und das ist eines der Hauptprobleme in Part-
nerschaften. Allein die Tatsache, dass wir eine düstere Gemütsverfassung als solche anerkennen, kann den Verlauf einer Beziehung verändern.

Ein und dieselbe Verhaltensweise unserer Kinder erscheint uns
niedlich, wenn wir strahlende Laune haben und nervig, wenn
wir weniger gut drauf sind. Haben wir aber das Prinzip der
Stimmungen erst einmal verstanden, werden wir unsere Kinder
in Tiefphasen nicht länger durch ungerechte Vorwürfe verunsi-
chern, um anschließend viel Zeit und Energie darauf zu verwenden, uns bei ihnen für unsere Worte und Taten zu entschuldigen. Dies gilt nicht nur für den Umgang mit unseren Kindern,
sondern mit allen Menschen und in jeder Situation. Wissen wir
um den Einfluss, den unsere Stimmungen auf unsere Sicht der
Dinge haben, brauchen wir nicht mehr auf sie zu reagieren oder
ihnen zum Opfer zu fallen. Mit der Zeit erscheint alles in einem
ganz anderen Licht, wenn wir nur jetzt nicht daran rühren.

Unsere Stimmungen ändern sich,
nicht aber das Leben

Hochstimmung, positive Grundhaltung, gesunde psychische Verfassung – ein rundum gutes Gefühl eben: In dieser Gemütsverfassung verspüren wir kein Bedürfnis nach »mentalen Korrekturen«. Wir fühlen uns rundum wohl in unserer Haut. Aber
auch in den Zeiten, in denen wir uns weniger gut fühlen, können wir alsbald in den gesunden Zustand zurückkehren, sofern

wir um das Prinzip der Stimmungen wissen. Wer weiß, dass sich
nur die eigene Gemütslage – und nicht das Leben – urplötzlich
geändert hat, sieht das Ganze von einer höheren Warte, die es
ihm ermöglicht, seine Gedanken in dieser Verfassung nicht so
schwer zu nehmen, nicht mehr so krampfhaft nachzudenken
und weniger Aufmerksamkeit darauf zu verwenden, was ihm
alles durch den Kopf geht. Er wird gelassener, reagiert geduldi-
ger auf seine Stimmungen und kann so leichter in die gesunde
psychische Verfassung zurückfinden.

Erinnern wir uns an die Geschichte von Stacey und dem Kindermädchen: Was wäre passiert, wenn sie um den Einfluss von
Stimmungen auf ihre Wahrnehmung gewusst hätte? Bei ge-
nauerem Hinsehen merken wir, dass *alle* derartigen Situationen
stimmungsabhängig sind. Taucht Stacey in ein Stimmungstief
ein, dann bringt sie – wie jeder andere auch – negative Gedanken angesichts ihres Lebens hervor. In unserem Beispiel waren
es düstere Gedanken über ihre Eltern und deren Entscheidung,
sie als Kind von einer fremden Person beaufsichtigen zu lassen.
Am Tag zuvor, als sie sich noch in einem Stimmungshoch, einer
positiven Grundhaltung, befand, hätte sie wahrscheinlich nur
gelacht über die Frage, ob ihr diese längst vergangene Angelegenheit wirklich wichtig sei. Möglicherweise hätte sie sogar gesagt: »Das ist ja eine tolle Idee! Vielleicht sollte ich das mit meinem Kind auch so machen.«

Ich will nicht von der Hand weisen, dass es Situationen gibt,
in denen wir unabhängig von unseren Stimmungen stets zu ein
und denselben Schlussfolgerungen kommen. Aber wie wir eine
Sache erleben, hängt immer von unserer Laune ab. Mag sein,
dass Stacey selbst aus einer ausgeglicheneren Gemütsverfassung
heraus nie ein Kindermädchen engagieren würde, aber sie ließe
sich von ihren Gedanken wohl nicht so aus der Fassung bringen.

Es lohnt sich in jedem Fall, auf den eigenen Stimmungspegel
zu achten, und zwar besonders dann, wenn wir weniger »gut

drauf« sind. Wäre es Stacey bewusst gewesen, dass sie in einer Tiefphase steckte, hätte sie mit ihrer Reaktion auf ihre Gedanken zu diesem Thema *gerechnet*. Sie hätte *gewusst*, dass es sich um eine stimmungsabhängige Reaktion handelte und dass sie ihre Gefühle noch einmal prüfen sollte, wenn es ihr wieder besser ginge.

Unsere Wahrnehmung ändert sich mit unseren Stimmungen. Verstehen wir dieses Prinzip, haben wir mit einem Mal deutlich mehr Mitgefühl für uns selbst und andere. Wir sind uns darüber im Klaren, dass unsere Partner oder Freunde in einer Situation manchmal die positive Seite oder die Chance sehen und ein andermal hinter allem und jedem ein potenzielles oder tatsächliches Problem vermuten. Lernen wir, die Stimmungen anderer einzuschätzen, hören wir automatisch auf, sie zu verurteilen, wenn sie mal wieder ihre düstere Brille aufhaben. Im Stimmungstief sieht jeder alles grau in grau. Wissen wir um die wechselnden Gemütszustände, können wir uns immer wieder sagen: »Natürlich muss er/sie es so sehen, wo er/sie so schlecht drauf ist.« Ohne dieses Verständnis empfinden wir die anderen als pessimistisch, negativ oder kurzsichtig. Wir übersehen, dass ein und dieselbe Person noch vor einer Stunde den gleichen Sachverhalt völlig anders beurteilt hat.

In dem Maße, wie wir uns das Auf und Ab unserer Stimmungen bewusst machen, stellen wir fest, dass es die Stimmung ist, die für unsere Sicht der Dinge verantwortlich zeichnet. In einer positiven Verfassung erscheint uns ein und dieselbe Situation oft in einem völlig anderen Licht. Wir haben es hier nicht mit einem Hintertürchen zu tun, durch das wir uns aus der Verantwortung schleichen können, sondern mit einer Tatsache, die ausnahmslos auf alle Situationen zutrifft, in denen wir je gewesen sind (oder sein werden).

Nehmen Sie Stimmungstiefs nicht so tragisch

Ist uns die Macht der Stimmungen nicht bewusst, nehmen wir uns das, was unser Partner (oder jeder andere) sagt, oft ziemlich zu Herzen. Haben wir das Prinzip jedoch durchschaut, erkennen wir, dass es sich hier um eine Lockfalle für Probleme handelt. Je mehr Zeit wir mit einem Menschen verbringen, desto eher wird er sich uns auch einmal schlecht gelaunt präsentieren. Aus einer düsteren Stimmung heraus lässt sich jeder gelegentlich zu Aussagen hinreißen, die wir lieber nicht aus seinem Munde gehört hätten.

Bei genauem Hinsehen lassen sich die meisten ernstlichen Beziehungsschwierigkeiten darauf zurückführen, dass die Partner die Stimmungstiefs des jeweils anderen zu tragisch nehmen. Die Unvermeidbarkeit der Ansichten und Verhaltensweisen, die uns unser Partner in seinen düsteren Phasen entgegenbringt, die Probleme, die wir seit so langer Zeit zu haben glauben – das alles erscheint uns weniger gravierend, wenn wir lernen, auf die Stimmungen unseres Partners sorgfältig zu achten und sie zu respektieren, und wenn wir ihm in weniger günstigen Momenten Rückzugsmöglichkeiten geben. Oft reicht es da schon aus, ihn allein zu lassen, damit er sich aus seinem Loch befreien und wieder zu einem positiveren Zustand zurückfinden kann, in dem er wieder für uns ansprechbar wird. Das Letzte, was er brauchen kann, ist, ausgefragt oder in einen Streit verwickelt zu werden. Tut man es dennoch, sackt seine Laune weiter ab, und er sieht alles noch düsterer. In Beziehungen geben sich die Partner meist nicht genug Raum für schlechte Stimmungen. Stattdessen nehmen sie jedes einzelne Wort des anderen so ernst, als sei es in Stein gemeißelt. Das ist ein Fehler; denn wenn der andere sein Tief überwunden hat, wird er sich wieder von seiner weicheren Seite zeigen und verträglicher sein.

Haben Sie die Wirkung dieses Prinzips erst einmal erfahren,

werden Sie überrascht sein, wie schnell und mühelos sich schwierige Situationen klären lassen. Der Schlüssel liegt darin, die Worte und Taten unseres Partners ebenso wie unsere eigenen im Lichte unserer Stimmungen zu betrachten. Wer dieses Prinzip verinnerlicht, braucht nicht nach einem neuen Partner zu suchen; schließlich weiß er, dass jeder Mensch überall auf der Welt immer wieder durch Phasen schlechter Laune hindurch muss. Man lernt, den Partner zu schätzen und zu verstehen, den man an seiner Seite hat, wie man sich auch über jeden Menschen freut, dem man zum ersten Mal begegnet.

Während wir anderen, die im Tief stecken, Mitgefühl und Verständnis entgegenbringen sollten, geht es bei uns selbst darum, unseren Gedanken in solchen Phasen nicht zu viel Gewicht beizumessen. Wenngleich uns alles besonders dringlich erscheint, müssen wir uns doch darüber im Klaren sein, dass wir mit der düsteren Brille vor Augen den Blick für das rechte Maß verlieren. Mag uns jetzt ein Problem auch noch so wichtig erscheinen – es wird uns nicht weglaufen, bis wir uns wieder besser fühlen und leichter damit umgehen können. Den schnellsten Weg zurück zur guten Laune schlagen wir ein, wenn wir das, was wir in der Tiefphase empfinden, nicht auf die Goldwaage legen.

Ich will nicht behaupten, dass nur Hochstimmungen ein korrektes Abbild der Realität bieten oder dass unsere Tiefs allesamt auf Fehleinschätzungen basieren. Die Einschätzung einer Sache oder Situation erscheint uns auch im Zustand der Verstimmtheit stets überaus vernünftig. In der Tat kommt uns jede andere Sicht der Dinge widersinnig vor. Der ganze Trick unseres Ansatzes besteht jedoch darin, die Lage *nicht* anders betrachten zu wollen, sondern lediglich zu *erkennen*, in welcher Gemütsverfassung wir uns gerade befinden, und uns vor Augen zu führen, dass wir in depressiven Phasen negative Gedanken hervorbringen. Ein und derselbe Umstand, der uns heute schon begegnet, erscheint uns morgen – oder auch schon in zehn Minuten – in völlig neuem Licht. Gelingt es uns, uns von unseren Sorgen zu lösen und die Klärung bzw. Entscheidung zu »vertagen«, zeigt das Stimmungsbarometer bald bessere Laune an. In dem Maße, wie wir unseren Gefühlen den Vorzug vor unseren Gedanken geben, geht es uns zunehmend besser.

In Tiefphasen keine Lösungen suchen

Haben Sie sich schon sagen hören: »Das kann doch nicht aus meinem Munde stammen!« oder »So etwas würde ich doch nie sagen! Ich muss wohl den Verstand verloren haben?!« Wenn so etwas vorkommt, ist das einerseits zwar unangenehm, andererseits aber auch tröstlich. Das Unangenehme daran ist, dass in der Tat *Sie selbst* es waren, der sich in den Worten vergriffen hat – wie wohl schon des Öfteren in der Vergangenheit und wahrscheinlich auch in Zukunft, wann immer Sie Ihre Perspektiven schwinden sehen. Das Tröstliche ist, dass eine solche Bemerkung nur deshalb über Ihre Lippen kam, weil Sie verstimmt waren. Es war eine »Schlechte-Laune-Aussage«. Wären Sie in besserer Verfassung gewesen, hätten dieselben äußeren Umstände eine ganz andere Wirkung auf Sie gehabt, und Sie hätten sich anders verhalten.

Für die Lebenspraxis ist es ebenfalls tröstlich, dass Sie von nun an zur Kenntnis nehmen und berücksichtigen können, wenn Sie schlechte Stimmung haben. Respektieren Sie die Wirkung der Verstimmtheit, die Unvermeidlichkeit der Schwarzmalerei. Es liegt in der Natur der Stimmungen, dass wir die Welt nicht anders sehen können, solange wir in solchen Phasen stecken. Aber wir können lernen, unserem Urteil und unseren Gedanken zu misstrauen, wenn unsere Gemütsverfassung düster ist. Haben Sie es in einer Tiefphase mit einem echten Problem zu tun, dann seien Sie unbesorgt: Es ist auch dann noch da, wenn sich Ihre Laune wieder gebessert hat. Dann aber dürfte es Ihnen leichter fallen, damit umzugehen. Es macht keinen Sinn, allzu großen Wert auf das zu legen, was wir in Zeiten der Verstimmtheit denken – tun wir es, verwehrt uns das nur den Zugang zu unserer inneren Zufriedenheit.

Probleme in Hochphasen bewältigen

Konfrontieren wir einen Menschen mit irgendeinem Problem, wenn er schlechte Laune hat, können wir das Ergebnis von vornherein vergessen. Er geht mit Sicherheit in die Defensive, reagiert verärgert und »macht dicht«. Und auch uns selbst ergeht es da nicht anders. Wenn wir versuchen, während einer Tiefphase ein Problem zu bewältigen oder eine wichtige Entscheidung zu fällen, sind Enttäuschungen programmiert, und es könnte durchaus sein, dass wir etwas tun, was wir später bereuen würden.

In Tiefphasen haben wir keinen Zugang zu unserer Weisheit. Das Paradoxe an diesem Prinzip ist, dass es uns ausgerechnet in solchen Tiefphasen ein Anliegen ist, unsere Probleme zu lösen und andere Menschen damit zu konfrontieren. Die Verlockung ist groß. Düstere Stimmungen sind eine Brutstätte für Verunsicherung und Widerwillen. Sie wecken den Wunsch, »einer Sache auf den Grund zu gehen«, die Worte der anderen »richtig zu interpretieren«, einmal »Klartext zu reden« und endlich zum Ausdruck zu bringen, was dieses oder jenes »gefühlsmäßig mit uns macht«. Aber die Gefühle, die wir in solchen Zeiten haben, sind nicht echt – wir (und die anderen) empfinden sie nur so, weil wir in einer Tiefphase stecken. In solchen Zeiten sind unsere Emotionen zwangsläufig negativ, und so macht es keinen Sinn, sich auf sie zu verlassen oder sie gar als Anlass zum Handeln zu nehmen. Die Lösung liegt darin, zu warten, bis sich der Stimmungspegel wieder hebt; und das wird ohne unser Zutun früher oder später geschehen. Je weniger wir jetzt auf unsere

Gedanken achten, desto schneller steigt das Barometer. Dann, und erst dann, treten die weiseren Gefühle zu Tage.

Wenn wir uns dann veranlasst sehen, in einer Angelegenheit ernsthafte Schritte zu unternehmen, finden wir instinktiv den richtigen Weg. Möchten wir über etwas sprechen, das uns stört oder belastet, so sollten wir damit bis zur nächsten Hochphase warten. Das Prinzip der Stimmungen fordert nicht, Auseinandersetzungen gänzlich zu meiden – außer in Phasen der Verstimmtheit. Beachten wir dies, wird unser Leben automatisch leichter, spielerischer und effizienter.

Verwirrend mag in diesem Zusammenhang erscheinen, dass wir manchmal meinen, einen anderen ganz bewusst dann mit etwas konfrontieren zu müssen, solange unsere düstere Stimmung anhält. Doch dies ist nicht so häufig der Fall, wie man vielleicht meinen könnte. Oft genügen schon wenige Minuten Abstand von der Problematik, um der Konfrontation die Spitze zu nehmen. Die Stimmung ist die *Ursache* – und nicht die Folge – der meisten Auseinandersetzungen und Probleme. Sie war zuerst da. In einer Hochphase hätte sich das Ganze in völlig anderem Licht dargestellt.

In jenen seltenen Fällen, in denen es tatsächlich unvermeidbar ist, eine Auseinandersetzung zu führen, während wir (bzw. andere) im Tief stecken, sollten wir uns unbedingt vor Augen führen, dass unsere Gemütsverfassung negativ und unsere Sichtweise dementsprechend mit Vorsicht zu genießen ist. Allein dieses Wissen wird es uns ermöglichen, nicht über das Ziel hinauszuschießen.

Auf Dauer psychisch ausgeglichen zu sein, ist auch eine Frage der Übung. Je mehr Sie dem angenehmen Gefühl des Glücklichseins vertrauen, desto eher können Sie es aufrechterhalten. Versuchen Sie, Stimmungstiefs einfach so hinzunehmen, statt sie selbstquälerisch zu analysieren. Sie werden sehen, wie schnell Ihre Laune sich bessert. Verstimmtheit ist eine Art Denkverzerrung. Akzeptieren Sie sie als Teil des Lebens, lassen Sie sie, so gut es geht, links liegen, und schon bald wird in Ihrem Dasein eine gesunde psychische Einstellung breiteren Raum gewinnen.

3
Das Prinzip der individuellen Realitäten

Wir sehen die Dinge nicht so, wie sie sind,
wir sehen sie so, wie wir sind.
Anaïs Nin

Wer die Welt bereist hat, weiß um die enormen Unterschiede zwischen den Kulturen. Selbst wer noch nie im Ausland war, hat sich im Fernsehen, im Kino oder aus Büchern ein Bild über ihre Verschiedenartigkeit machen können. Doch die Unterschiede von Mensch zu Mensch sind ebenso groß wie von Kultur zu Kultur. Angesichts der Verschiedenheit unserer individuellen Denksysteme dürfen wir ebenso wenig davon ausgehen, dass die Menschen in unserem Umfeld unsere persönliche Weltanschauung teilen, wie wir dies von Menschen eines anderen Kulturkreises erwarten würden. Es geht hier nicht darum, sich anderen Verhaltensweisen gegenüber tolerant zu erweisen, sondern lediglich um die Einsicht, dass es eigentlich gar nicht anders sein kann.

In den beiden vorangegangenen Kapiteln haben wir uns mit zwei Grundprinzipien der menschlichen Psyche – den Gedankengängen und Stimmungen – befasst. Da diese ausnahmslos für jeden gelten, ist es schlicht unmöglich, dass zwei Personen, ob sie nun aus derselben oder einer anderen Kultur stammen oder nicht, die Dinge auf exakt die gleiche Weise sehen können. Jedes Denksystem ist einzigartig. Es bildet sich im Rahmen eines gedanklichen Prozesses, der sehr komplex ist: Eltern, Herkunft, Deutungen, Gedächtnis, selektive Wahrnehmung, äußere Umstände, Stimmungen – eine Vielzahl von Faktoren spielen eine Rolle bei der Entstehung unseres individuellen Denksystems. Die Zahl der möglichen Kombinationen ist schier endlos, und die Wahrscheinlichkeit der Entstehung von »Duplikaten« ist gleich null.

Dieses Prinzip zu verstehen, kann wirklich das Ende allen Streitens bedeuten. Wenn wir von vornherein davon ausgehen, dass man verschiedener Ansicht sein kann, und es als gegeben hinnehmen, dass andere auf ein und denselben Reiz anders als wir selbst reagieren, führt dies zu einer nachhaltigen Stärkung des Mitgefühls. Stellen wir uns nicht darauf ein, entsteht Konfliktstoff. Dies gilt sowohl im Kleinen als auch im Großen – im zwischenmenschlichen Bereich ebenso wie in zwischenstaatlichen Beziehungen. Beispiele für dieses Prinzip sind überall zu finden. Verlagern wir unsere Aufmerksamkeit, unsere Gedankenenergie, fort von unseren Erwartungen, können wir auf einmal die einzigartige Essenz eines jeden Menschen erfahren. Schon bald spüren wir ein angenehmes Grundgefühl, und am Horizont tun sich neue Möglichkeiten für die Beziehungen zu unseren Mitmenschen auf.

Andere ändern zu wollen, ist aussichtslos

Probleme in Beziehungen haben im Wesentlichen zweierlei Ursachen. Entweder wir meinen, dass der andere die Sache tatsächlich so sieht wie wir selbst, sodass wir seine Reaktion nicht nachvollziehen können oder von ihr irritiert sind; oder aber wir glauben, dass er genauso denken sollte wie wir, weil wir davon ausgehen, die Realität so zu sehen, wie sie wirklich ist. Haben wir das Prinzip der individuellen Realitäten durchschaut, sind wir von diesen beiden Konfliktkatalysatoren befreit. Es wird uns klar, dass der andere unsere Sicht der Dinge nicht nur nicht teilen sollte, sondern sie nicht teilen kann. Es liegt in der Natur des individuellen Denksystems, dass wir unmöglich etwas genau so sehen können wie ein anderer – genauso wenig, wie andere etwas exakt so sehen können wie wir selbst. Dieses neue Verständnis räumt mit einem alten Irrglauben auf und lässt die Unterschiedlichkeit der Menschen wieder als etwas Reizvolles erscheinen. Dass gerade die Andersartigkeit das »Salz in der Suppe« sei, ist leicht dahergesagt, aber ob wir diesen Spruch im Alltag auch wirklich beherzigen, steht auf einem ganz anderen Blatt. Es geht jedoch nicht darum, sich diese Denkweise aufzuzwingen, sondern lediglich darum, sich vor Augen zu führen, wie überaus logisch die Unterschiedlichkeit der Menschen und ihrer Weltanschauung aus psychologischer Sicht erscheint.

Wer die Existenz individueller Realitäten anerkennt, hat keinen Grund, die Taten oder Worte anderer persönlich zu nehmen. Sein Leben lang ist der Mensch damit beschäftigt, sich die Gültigkeit, Wahrheit und Richtigkeit seiner persönlichen Weltsicht zu bestätigen. Der selbst rechtfertigende Aspekt des Denksystems bringt eine endlose Reihe von Beispielen hervor, um die einmal verankerten Anschauungen unter Beweis zu stellen. Vor diesem Hintergrund wird offensichtlich, wie aussichtslos es ist, einen anderen ändern zu wollen. Setzen wir uns dennoch mit ihm auseinander, ist er so überzeugt von der Richtigkeit seiner Auffassung, dass er unter Umständen sogar *unsere* Argumente anführen wird, um seinen eigenen Standpunkt zu untermauern.

Jeder von uns sieht das Leben vor dem Hintergrund seiner individuellen Realität, seiner eigenen Interpretationen, seines eigenen Bezugsrahmens. Kaum einer von uns wird je auf die Idee kommen, seine eigene Version der Realität zu hinterfragen, wo sie uns doch so überaus zutreffend erscheint. Wohin wir unseren Blick auch wenden, überall stoßen wir auf Beispiele, die uns in unserer Ansicht bestätigen.

Individuelle Realitäten sind Fakt

Wenn wir uns mit dem Gedanken der Existenz individueller Realitäten anfreunden und ihre Schönheit erkennen können, fällt es uns auf einmal leicht, zu begreifen, wie absolut unschuldig der Prozess selbst ist. Unsere Konditionierung und unsere Glaubenssätze – unser Denksystem – bilden die Grundlage dafür, dass wir die Dinge so und nicht anders sehen. Unser Geist interpretiert das, was auf uns zukommt, im Kontext dessen, was wir kennen oder als wahr erkannt haben. Da unser Wissen und unsere Gedächtnisinhalte jeweils einzigartig sind, muss sich unsere persönliche Interpretation einer Situation von der anderen unterscheiden. Wie gesagt verarbeitet unser Verstand neue Informationen nämlich ausschließlich auf der Basis des bekannten Wissens. Am Phänomen der individuellen Realitäten führt kein Weg vorbei. Weigern wir uns, dies zu akzeptieren und zu verstehen, wird das zu Frustrationen führen und vielleicht sogar unser Leben zerstören. Nehmen wir es aber als gegeben hin, kann dieses Wissen ein Quell von Weisheit, Freude und Humor für uns sein.

Die Existenz individueller Realitäten anzuerkennen, heißt nicht, sich von seinen tiefsten Überzeugungen lossagen zu müssen. Überzeugungen und Meinungen sind ein interessanter, bereichernder und machtvoller Aspekt des Lebens. Worauf es im Hinblick auf Glück, geistige Gesundheit und persönliche Zufriedenheit ankommt, ist vielmehr unser *Verhältnis* zu unseren Auffassungen und Ansichten. Glauben Sie, Ihre Sicht der Dinge sei die einzig wirkliche und unanfechtbare Wahrheit auf der Welt? Oder begreifen Sie Ihre gegenwärtigen Überzeugungen und Interpretationen vor dem Hintergrund Ihres eigenen Gedankensystems, in dem Wissen, dass Sie zu anderen Schlussfolgerungen gelangen würden, wenn andere Informationen in Ihrem Denksystem gespeichert wären? Es geht nicht darum, persönliche Anschauungen oder Vorstellungen als richtig oder falsch abzustempeln, sondern zu erkennen, dass jeder von uns zwangsläufig die Dinge anders sieht. Haben wir dieses Prinzip durchschaut, können wir theoretisch jede beliebige Auffassung oder Meinung vertreten – der Unterschied liegt darin, dass unsere persönlichen Anschauungen und die Einwände, die andere dagegen vorbringen, nicht länger Ursache für so viel Feindseligkeit oder Schmerz sind.

Offenheit statt Abwehr

Das Wissen um die individuellen Realitäten bringt uns zweifellos mehr Nähe zu den Menschen, die wir kennen und lieben. Es vertieft unser Verständnis für andere und lässt uns selbst wesentlich interessanter und zugänglicher erscheinen. Haben wir wirklich verinnerlicht, dass unsere Vorstellungen vom Leben aus unserem subjektiven Denksystem geboren werden und nicht zwangsläufig die objektive Realität darstellen, fühlen sich andere Menschen zu uns hingezogen.

Wenn dies so ist, dann liegt das daran, dass wir alle ein ureigenes Interesse daran haben, unsere persönlichen Anschauungen bestätigt zu finden. Denksysteme (unser eigenes ebenso wie das anderer Menschen) haben es nicht gern, wenn man an ihnen rührt oder an ihrer Gültigkeit zweifelt. Kommen wir aus echtem Interesse und voller Respekt für seine Weltsicht auf jemanden zu, tritt Offenheit an die Stelle von Abwehr. Wer aus ganzem Herzen akzeptiert, dass jeder Mensch seine eigene individuelle Realität hat, wird in seinen Beziehungen mehr Erfüllung finden, als er es sich je erträumt hätte. Oftmals entstehen sogar Freundschaften zu Menschen, die man bislang immer für unsympathisch gehalten hat. Statt sich über die individuelle Verschiedenheit eines anderen aufzuregen, erscheint der Betreffende auf einmal in neuem Licht – nicht nur bei ihm, sondern

auch bei uns selbst tritt eine unerwartete Form der Arglosig-
keit zu Tage. Dies nimmt den beiderseitigen Anschauungen die
Härte; eine neue gegenseitige Wertschätzung breitet sich aus –
und mit ihr ein angenehmes, positives Grundgefühl.

Wie der Einzelne mit dem Prinzip der individuellen Realitäten umgeht, liegt irgendwo zwischen den beiden Extremen der
folgenden Bandbreite:

Intoleranz→Toleranz→Verstehen

Ganz links auf der Skala finden wir die Menschen, die meinen,
dass Beziehungen letztendlich immer in Probleme münden.
Und so ist es bei ihnen auch immer. In dem Maße, wie wir uns
in Richtung Toleranz bewegen, wird an den Problemen zwar
gearbeitet, aber sie werden kaum jemals gelöst. Während der
Toleranz zweifellos der Vorzug vor der Intoleranz zu geben ist,
repräsentiert sie doch nur ein kleines Stückchen des Weges, den
wir gehen müssen, um unsere Beziehungen als glücklich und er-
füllend zu erleben. Andere in ihrem So-Sein zu tolerieren, sug-
geriert eine subtile Form von Überlegenheit, die sich aus der
höheren Warte des eigenen Standpunkts ergibt. Doch unser
Wissen um Denksysteme und individuelle Realitäten verbietet
die Auffassung, unsere persönlichen Vorstellungen vom Leben
könnten besser sein als die eines anderen. Die in unserem Denksystem gespeicherten Informationen sind ebenso willkürlich wie
die unserer Mitmenschen. Unsere Vorstellungen, Anschauungen, Meinungen und Reaktionen auf das Leben sind wie gesagt
die Folge der Informationen und Stimuli, die wir aufgenommen
haben. Das gilt für uns selbst ebenso wie für jeden anderen, der
womöglich einen diametral entgegengesetzten Standpunkt vertritt. Solange wir das nicht verstehen, erleben wir Meinungsverschiedenheiten mit anderen Menschen als überaus frustrierend.
Erkennen wir hingegen die Existenz individueller Realitäten an,

können dieselben Differenzen zum Quell von Interesse, Wachstum und Inspiration werden.

Neue Wachstumschancen und Möglichkeiten für Kompromisse

Gerade dann, wenn die Kluft zwischen den Standpunkten unüberwindlich scheint, hat das Wissen um die individuellen Realitäten einen unerhört praktischen Nutzen. Gehen wir mit diesem tieferen Verständnis auf den anderen zu, eröffnen wir damit das Tor zum Wachstum. Wir werten eine andere Meinung nicht als unterlegen oder falsch und akzeptieren neue Informationen, ohne sie vor dem Hintergrund unseres alten Denksystems zu diskreditieren. Fehlt ein solches Verständnis, übernimmt das Denksystem das Ruder und hält uns davon ab, uns wirklich für die Worte des anderen zu öffnen. Wer vorurteilsfrei zuhört, signalisiert seinem Gegenüber Respekt für dessen Ansichten und die Bereitschaft, darauf einzugehen. Das schafft Einvernehmen und löst verhärtete Fronten auf. Es legt den Grundstein für Kompromisslösungen und Zusammenarbeit und bringt das Beste in uns selbst und anderen zum Vorschein.

Kehren wir noch einmal zurück zu Staceys Gedanken über den Entschluss ihrer Eltern, sie während ihrer Kindheit von einem Kindermädchen betreuen zu lassen. Fehlt Stacey das Wissen um die individuellen Realitäten, ist es nicht verwunderlich, wenn sie sich dermaßen über das Verhalten ihrer Eltern aufregt. Schließlich widerspricht es in eklatanter Weise ihren eigenen erzieherischen Vorstellungen! Die Wichtigkeit, die sie ihren Gedanken einräumt, lässt sie zudem ins Grübeln verfallen, und dadurch quält sie sich selbst noch mehr. Als Stacey zum ersten Mal über die Entscheidung ihrer Eltern nachdachte, tat sie es, ohne eine Ahnung von individuellen Realitäten zu haben. Sie konnte nicht begreifen, wie ihre Eltern so etwas hatten tun können. Auf gleiche Weise ärgerte sie sich über andere Entscheidungen und Meinungen, die ihren eigenen Überzeugungen zuwider liefen.

Wüsste Stacey um das Phänomen der individuellen Realitäten, könnte sie sich der unvoreingenommenen, emotional unbelasteten Reflexion erfreuen. Dann würde sie begreifen, dass ihre Eltern die Entscheidung seinerzeit auf der Grundlage dessen trafen, was sie damals für wahr und richtig hielten – nicht mehr und nicht weniger. Folglich würde Stacey nicht ihre eigene Reaktion als richtig und die ihrer Eltern als falsch bewerten, sondern erkennen, dass es sich hier schlichtweg um unterschiedliche Vorstellungen handelt, wie sie sich aus der Verschiedenheit der Denksysteme ergeben. Staceys Beziehung zu ihren Eltern wäre von gegenseitigem Respekt und Liebe, nicht von Zweifeln und Vorwürfen erfüllt.

Wer das Prinzip der individuellen Realitäten nicht versteht, ist permanenten Konflikten und Frustrationen ausgeliefert. Die Lösung liegt darin, sich das Konzept klar vor Augen zu führen; und wir müssen die Demut aufbringen, uns einzugestehen, dass es nicht immer gelingen kann, sich in andere Menschen hineinzuversetzen. Etwas mag auch noch so begreiflich oder offensichtlich erscheinen – ein anderer wird es immer anders bewerten und sich der Richtigkeit seines Standpunkts ebenso gewiss sein.

4
Das Prinzip der Gefühle

Nur ein einziger Gedanke trennt dich davon,
dass du dich wohl fühlst.
Sheila Krystal

Der Mensch verfügt über ein narrensicheres Leitsystem, das ihn durchs Leben führt. Es besteht einzig und allein aus seinen Gefühlen, die ihm sagen, wann er den Pfad der gesunden psychischen Verfassung verlässt und auf Unglück und Konflikte zusteuert. Die Gefühle fungieren als eine Art Barometer, das Auskunft über die »innere Wetterlage« gibt.

Wir wissen, wie eng unser Denken mit der Art und Weise verknüpft ist, wie wir das Leben erfahren. Kaum haben wir etwas gedacht, fühlen wir auch schon die Auswirkungen unserer Gedanken – ein Vorgang, der in Sekundenbruchteilen abläuft und den meisten von uns gar nicht bewusst wird.

Unser Denken kann in zwei verschiedenen Bahnen verlaufen: Entweder es nimmt den gewohnten Weg über den Filter unseres persönlichen Denksystems, oder es vollzieht den Übergang hin zur natürlichen, gesunden Gemütsverfassung. Mit den Auswirkungen des Verharrens im überkommenen Denksystem haben wir uns bereits befasst. In diesem Kapitel werden Sie entdecken, dass es eine echte Alternative dazu gibt.

Das vierte Prinzip besagt, dass uns unsere Gefühle exakt mitteilen, wann unser Denken fehlgeleitet ist. Läuft der Denkprozess unbewusst ab, werden die Gedanken aus dem Denksystem, nicht aus der gesunden psychischen Verfassung heraus generiert. Gäbe es keine Gefühle, hätten wir wohl keine Möglichkeit, zu wissen, wann wir uns in unserem Denksystem verfangen haben oder im Stimmungstief sitzen. Wir wären überzeugt, die Welt selbst in Phasen tiefster Deprimiertheit realistisch zu sehen.

Stehen wir nicht im Bann unseres Denksystems, ist unser Grundgefühl positiv. Was immer wir auch tun mögen, wir empfinden dabei Zufriedenheit und Freude. Es gibt keinen offensichtlichen Anlass für diese positive Stimmung; wir fühlen uns wohl – einfach so. Wir erleben jene tieferen, allgemeineren menschlichen Gefühle, wie sie aus einer natürlichen Gemütsverfassung heraus entstehen: Zufriedenheit, Liebe und Dankbarkeit. Dies ist der Zustand, der einen klaren Blick auf das Leben ermöglicht. Wir sind auf spielerische Weise konzentriert, und unser Geist ist klar. Aus dieser Verfassung heraus können wir alles (auch Unangenehmes) tun, weil unser Verstand nicht von Gedanken an die Vergangenheit und die Zukunft oder von der kritischen Begutachtung unseres eigenen Verhaltens verstellt ist. Wir befassen uns mit dem, was unmittelbar vor uns liegt. In dieser Gemütslage fliegen uns neue, kreative Ideen zu, und unsere Probleme scheinen sich wie von selbst zu lösen. Jeder von uns hat Zugang zu diesem Zustand, und wenn wir ihn erreichen, bedarf es keiner geistigen Anstrengungen mehr – alles ist auf natürliche Weise im Fluss.

Ist unser Erleben nicht im »angenehmen Bereich«, meldet sich das Warnsystem unserer Gefühle. Es hält uns quasi die rote Fahne hin, um uns zu zeigen, dass wir aus der Spur geraten sind. Wir sind mit unserem Denken wieder in die Bahnen unseres Denksystems zurückgekehrt. Es ist an der Zeit, diese Fehlleitung ganz bewusst zu korrigieren. Für den gesunden Geist haben Gefühle eine ähnliche Funktion, wie sie Warnleuchten auf dem Armaturenbrett eines Autos haben: Sie zeigen uns, dass wir innehalten sollten. Im Auto gehen wir vom Gas. Höchste Zeit, rechts rauszufahren.

Analog hierzu müssen wir uns den Kopf frei machen und den Gedankenfluss unterbrechen, wenn wir unzufrieden sind. Auf diese Weise kehrt das positive Gefühl zurück. Es geht darum, vorübergehend den Denkprozess anzuhalten, denn er speist sich aus einem verzerrten, gewohnheitsmäßigen Bezugsrahmen. Beunruhigende Gedanken fortzuschicken, oder ihnen nicht mehr zuzuhören, heißt wohlgemerkt nicht, dass wir vorgeben sollten, eine unangenehme Sache mache uns nichts aus oder es bestünde kein Handlungsbedarf. Doch gute Lösungen und neue Ideen können nicht aus fehlgeleiteten Denkprozessen heraus entstehen – sie brauchen ein positives Grundgefühl, das das Leben leicht erscheinen lässt. Wir müssen dazu übergehen, die Gültigkeit unseres Denksystems in Zweifel zu ziehen, wenn es darum geht, uns unseren gesunden Geist zu bewahren und Zugriff zu ihm zu haben. Beschließen Sie ein für alle Mal, dass negative Gefühle es nicht wert sind, gerechtfertigt und bewahrt zu werden!

Negative Gefühle haben einzig und allein die Aufgabe, uns wissen zu lassen, wann unsere Sicht der Dinge verzerrt ist. Dieser Gedanke ist in der modernen Psychologie heftig umstritten. Viele, wenn nicht alle Psychologen sind heute der Ansicht, dass es ein Zeichen von emotionaler Reife sei, sich die eigenen Gefühle (was immer darunter zu verstehen ist) bewusst zu machen und zum Ausdruck zu bringen. Doch nichts ist weiter von der Wahrheit entfernt! Da die Stimmung die Ursache und nicht die Folge unseres Erlebens ist, werden wir zu hundert Prozent immer negative Gedanken hervorbringen, wenn wir depressiv oder verstimmt sind. Fühlen wir uns schlecht und ein Psychologe (oder irgendjemand anderes) fragt: »Was geht in Ihnen vor?«, dann fordert er uns damit letztendlich auf, ihm zu sagen, wie wir unser Leben empfinden, wenn wir schlechte Laune haben. Sind wir aus dem Tief heraus, würden wir dieselbe Situation völlig anders beschreiben. Um es noch einmal zu sagen: Missstimmungen haben nur einen Wert – sie weisen uns darauf hin, dass unser Denken fehlgeleitet ist und wir uns im Augenblick nicht auf unser Urteil verlassen können. Also sollte man besser gar nicht erst hinhören oder zumindest misstrauisch sein!

In Stimmungstiefs den Gefühlen misstrauen

Führen wir uns noch einmal vor Augen, dass wir in Phasen der Verstimmtheit immer genau sagen können, warum wir uns so und nicht anders fühlen, und die Versuchung ist groß, unsere Denkweise für bare Münze zu nehmen. Doch unsere Gedanken sind in solchen Zeiten verzerrt, und da unsere Gefühle unmittelbare Folge unseres Denkens sind, sind auch sie verzerrt. Unangenehme Gefühle sind eine akkurate Anzeige dafür, dass wir unsere Gedanken wieder einmal direkt aus unserem Denksystem beziehen – aus unseren Gewohnheiten und Glaubenssätzen, den »Bandaufnahmen«, die wir im Kopf abspulen.

Dieses Leitsystem der Gefühle funktioniert perfekt, zu hundert Prozent, immer. Verlassen Sie sich darauf! Egal, ob Sie gestresst sind oder sich überfordert fühlen, wütend oder deprimiert sind, einsam, enttäuscht, eifersüchtig, unleidig oder nervös. Diese und ähnliche Gefühle sind dazu da, um uns zu sagen, dass wir die Welt durch die Brille unseres Denksystems betrachten und nicht aus einer natürlichen Gemütsverfassung heraus. Solange wir auf dieser unproduktiven Denkschiene verharren, werden wir die gesuchten Antworten nicht finden.

Wenn am Armaturenbrett unseres Wagens eine Warnleuchte blinkt, so ist die eigentliche Ursache für dieses Signal zunächst weniger wichtig als das Signal selbst. Es heißt, erst einmal an den Straßenrand zu fahren und den Motor abzustellen. Mit den Gefühlen verhält es sich vergleichbar. Wenn wir wütend, eifersüchtig, widerwillig, gierig, deprimiert oder auf andere Weise unglücklich sind, müssen wir verstehen, dass diese Gefühle von unserem eigenen Denksystem erzeugt werden und weder natürlich noch zutreffend noch relevant sind.

Die gesunde psychische Verfassung

An einer gesunden psychischen Verfassung ist nichts Magisches oder Geheimnisvolles: Sie ist immer dann gegeben, wenn wir nicht im Bann unseres Denksystems stehen. Als gesunde Verfassung bezeichnen wir jenes Gefühl, das wir haben, wenn wenig (oder gar nichts) unseren Geist belastet – ein positives Grundgefühl, das sich ohne besonderen Anlass einstellt. Kinder erleben diesen Zustand oft; sie erfahren das Leben auf unkomplizierte Weise und befrachten es nicht mit allzu vielen negativen Gedanken. Spüren sie tatsächlich einmal so etwas wie Negativität oder Enttäuschung, können sie diese Gefühle schnell wieder loslassen und in ihren natürlichen, glücklichen Zustand zurückkehren.

Jeder von uns war in seiner Kindheit unzählige Male in dieser gesunden Verfassung. Ob beim Plauderstündchen vor dem Kamin, beim Spazierengehen oder beim Betrachten eines herrlichen Sonnenuntergangs – dieses Grundgefühl stellt sich immer dann ein, wenn wir uns ohne besonderen Anlass rundum wohl fühlen. Wichtig ist, zu erkennen, dass nicht der Kamin oder die Aktivität an sich das gute Gefühl verursacht haben. Vielmehr ist es uns gelungen, uns eine Zeit lang zu entspannen, die Sorgen in den Hintergrund treten zu lassen und für einen kurzen Moment das Leben zu genießen. Wer glaubt, unbedingt einen offenen Kamin oder eine bestimmte Form der Aktivität zu brauchen, um richtig abschalten zu können, der wird nur unter ganz bestimmten Umständen entspannen und zufrieden sein können. Haben wir erst einmal verstanden, dass wir selbst es sind, die dieses positive Gefühl erzeugen, und nicht das Feuer oder der Sonnenuntergang, dann können wir abschalten, wenn wir es wollen. Und mit zunehmender Übung wird uns das immer leichter fallen, so viel ist gewiss.

Eine gesunde Gemütsverfassung
unabhängig von den äußeren Umständen

Jeder von uns kann jederzeit eine gesunde Gemütsverfassung erlangen, wenn wir uns klar machen, dass sie unabhängig von den äußeren Umständen existiert. Dieses Wissen ermöglicht es, uns auch dann noch wohl zu fühlen, wenn es einmal alles andere als gut für uns läuft. Wenn unsere Gedanken nicht nur um unsere Sorgen kreisen, können wir unsere gesunde Gemütsverfassung aufrechterhalten und uns die innere Ausgeglichenheit bewahren. Aus diesem positiven Gefühlszustand heraus sind wir in der Lage, den Herausforderungen des Lebens optimal zu begegnen. In dem Augenblick, in dem unsere Gedanken abdriften und wieder in die Bahnen des Denksystems zurückkehren (das uns unweigerlich an unsere Sorgen erinnert), erlischt das Wohlgefühl, und wir empfinden das Leben wieder als eine endlose Abfolge von Problemen, die es zu lösen gilt.

Unsere Gefühle sind der Barometer, der uns verrät, ob wir unser Leben durch die Brille unseres Denksystems oder aus unserem natürlichen Gemützustand heraus betrachten. Deprimiertheit, Wut, Enttäuschung – das alles sind Gefühle, die uns auf dysfunktionales Denken hinweisen und zu verstehen geben, dass unser Erleben nicht so positiv ist, wie es sein könnte. Lösen Sie sich von Ihren wie auch immer gearteten Gedanken, ignorieren Sie das »statische Rauschen« und machen Sie sich durch bewusstes Umdenken den Kopf frei. Schalten Sie vom »Computer-Modus« auf den »Transmitter-Modus« um – vom Denksystem auf die gesunde Gemütsverfassung. Bedenken Sie: Nur ein einziger Gedanke trennt Sie davon, sich wohl zu fühlen.

Ein letzter Exkurs zu Stacey

Kehren wir noch ein letztes Mal zu Stacey zurück, die sich über die Entscheidung ihrer Eltern grämte, sie während ihrer Kindheit von einer fremden Person betreuen zu lassen. Da sie den eigentlichen Zweck ihrer Gefühle nicht kannte, meinte sie, sich gedanklich mit den Gründen für ihre negativen Emotionen auseinander setzen zu müssen, weil sie sich so schlecht fühlte. Aber je länger sie grübelte, desto schlechter ging es ihr, bis sie schließlich zu der Überzeugung gelangte, dass ihre negativen Gefühle gerechtfertigt wären und sie allen Grund hätte, aufgebracht zu sein.

Hätte Stacey um den eigentlichen Zweck ihrer Gefühle gewusst, so hätte sie sie als Warnsignal betrachten können. Es wäre ihr klar geworden, dass sie in eine gewohnheitsmäßige, dysfunktionale Gedankenschleife geraten war, die sie geradewegs ins Unglück stürzte, und allein diese Erkenntnis hätte ihrem Widerwillen und Zorn den Nährboden entzogen. Sie hätte sie entweder ganz von ihren Gedanken gelöst oder wäre zumindest klug genug gewesen, sie nicht so ernst zu nehmen – und allein dadurch hätte sich ihre Gefühlslage gebessert. Aus dieser positiveren Haltung heraus hätte sie dann mit ihren Überlegungen fortfahren können, ohne Gefahr zu laufen, sich dadurch den Tag (oder die Woche) zu verderben oder die Beziehung zu ihren Eltern aufs Spiel zu setzen.

Wann immer wir die Welt aus unserem naturgegebenen Gemütszustand heraus erfahren, sind wir glücklich. Wir können jederzeit darin eintauchen, was auch immer uns begegnet, selbst wenn wir den Verlust eines geliebten Menschen zu betrauern haben. Aus der gesunden psychischen Verfassung heraus fühlt sich emotionaler Schmerz anders an – er tut immer noch weh, aber es schwingt echte Dankbarkeit darüber mit, dass wir den Menschen gekannt haben, der da von uns gegangen ist. Ich habe dies am eigenen Leib erlebt, als einer meiner besten Freunde bei einem tragischen Unfall ums Leben kam: Ein betrunkener Autofahrer hatte seinen Wagen gerammt, als er gerade auf dem Weg zu meiner Hochzeit war. Anstatt mich von Trauer übermannen zu lassen, gelang es mir, mir den Kopf frei zu machen und unendliche Dankbarkeit darüber zu empfinden, einen so wunderbaren Freund gehabt zu haben. Statt mich in lähmendem Mitleid mit mir und der Familie meines Freundes zu ergehen, stiegen trotz der Trauer liebevolle Erinnerungen aus unserer gemeinsamen Vergangenheit in mir auf. Ich wurde von meiner Trauer nicht aus der Bahn geworfen, sondern konnte weiter meinen Aufgaben nachgehen.

Durch die Integration der hier beschriebenen Prinzipien verlieren wir keines der zarten, natürlich-menschlichen Gefühle, die uns aus der Vergangenheit vertraut sind. Was sich verändert, sind ausschließlich jene lähmenden Emotionen, die es uns verwehren, unser Leben zu genießen und unsere Aufgaben zielstrebig zu verfolgen. Wir entwickeln eine andere Beziehung zu unseren Gefühlen. Anstatt uns von ihnen überrollen zu lassen, können wir uns ihnen aus einem tieferen Verständnis heraus nähern. Verlieren wir einen uns nahe stehenden Menschen, so ist es nur natürlich, tiefe Trauer zu empfinden. Befinden wir uns aber in einer gesunden Gemütsverfassung, so können wir uns sogar im Umgang mit solch schwierigen Emotionen voller Mitgefühl begegnen und verstehen, was da in uns vorgeht. Das Prinzip gibt uns eine Navigationshilfe an die Hand, die uns dorthin zurückbringt, wo wir sein möchten.

Was also sollen wir konkret tun, wenn wir wütend, deprimiert oder beunruhigt sind? Wie können wir uns von solchen Emotionen lösen und zur gesunden psychischen Verfassung zurückkehren? Indem wir uns das Prinzip der Gefühle zu Eigen machen und darauf vertrauen: Wenn wir verstehen, woher unsere negativen Gefühle kommen (aus dem gewohnheitsmäßigen, konditionierten Denken), brauchen wir sie weder zu rechtfertigen noch an ihnen fest zu halten. Warum sollten wir etwas rechtfertigen, was wir als willkürlich erkannt haben? Negative Gefühle lösen sich rasch von allein auf, wenn wir sie links liegen lassen. Sie sind das Produkt unserer Gedanken. Konzentrieren wir uns auf sie und fangen wir an, sie zu analysieren, so wird das unsere negative Erfahrung nur ausweiten und vertiefen.

Je mehr wir uns mit der gesunden psychischen Verfassung vertraut machen und sie zu schätzen lernen, desto abwegiger erscheint es uns, auf unser Denksystem zuzugreifen, um wichtige Angelegenheiten in unserem Leben zu klären. Weisheit und gesunder Menschenverstand entspringen aus einem positiveren Gefühlszustand – einem stillen, zur Ruhe gekommenen Geist. Fühlen wir uns wohl, sind wir besser in der Lage, etwa auftauchende Probleme zu lösen.

Haben wir verstanden, woher wir unsere positiven Gefühle beziehen, und hören wir auf, Problemlösungen und Lebensglück über die Schiene negativer Gefühle erreichen zu wollen, greift automatisch die gesunde psychische Verfassung Raum. Dabei verlieren die düsteren Emotionen mehr und mehr an Bedeutung; wir erleben sie als weniger bedrohlich und lang anhaltend wie früher. Wir brauchen immer weniger Zeit, uns aus solchen Zuständen zu befreien.

Wer die gesunde psychische Verfassung einmal erfahren hat, ist nicht länger der Versuchung ausgesetzt, sein Glück im permanenten Analysieren oder Nachdenken zu suchen. Wir tragen das Glück bereits in uns – es ist nur vom »statischen Rauschen« unserer negativen Gedanken überlagert. Anstatt unser Glück im Denken zu suchen, sollten wir also aufhören, darüber nachzudenken, was uns belastet oder ärgert. Richten wir unsere Aufmerksamkeit lieber auf andere Dinge, damit unser naturgegebener, positiver Gefühlszustand seinen Platz einnehmen kann. Dies bedeutet nicht, dass wir vorgeben sollten, keinerlei Sorgen zu haben; es geht lediglich darum, zu verstehen, woher wir unsere positiven und negativen Gefühle beziehen.

Kennen wir die Herkunft unserer Gefühle, können wir uns ihre eigentliche Aufgabe zu Nutze machen und sie als Leitsystem einsetzen. Ist unser inneres Erleben beschwerlich, so wissen wir, dass wir uns unter dem Einfluss unseres Denksystems aus eigenen Stücken in diese Misere hineinmanövriert haben. Und es wird uns bewusst, dass es eine Alternative gibt: Wir können unsere Sorgen durch bewusstes Umdenken loslassen, unsere gewohnheitsmäßigen Denkmuster durchbrechen und in unseren natürlichen Zustand des Wohlbefindens zurückkehren.

5
Das Prinzip des gegenwärtigen Augenblicks

Ich denke niemals an die Zukunft, sie kommt früh genug.
Albert Einstein

Es ist schon viel über das »Leben im Augenblick« geredet worden. Es hat in der Geschichte praktisch keinen spirituellen Lehrer gegeben, der es nicht als Lösung propagiert hätte. Ja, vielleicht ist dies gar einer der ältesten und weisesten Ratschläge für ein glücklicheres Leben. Doch trotz aller Beachtung, die dieses elementare Prinzip gefunden hat, scheinen nur wenige Menschen in der Lage zu sein, ihr Leben danach auszurichten. Dieses vermeintlich so schlichte Konzept ist, so glaube ich, deshalb so schwer greifbar, weil sich der ungeübte Geist ähnlich wie ein Hundewelpe gebärdet – er springt davon, ohne zu wissen, wohin. Und eh wir uns versehen, haben wir das Hündchen (wie unsere Gedanken) aus den Augen verloren.

Von den fünf in diesem Buch vorgestellten Prinzipien ist es bei diesem am allerunwahrscheinlichsten, dass man es von einem Psychotherapeuten vermittelt bekommt. Schließlich wird ein Großteil aller Therapien damit zugebracht, die Kindheit und andere vergangene Ereignisse aufzuarbeiten. Doch wenngleich die Auseinandersetzung mit der Vergangenheit zweifellos gewisse Einsichten für die Gegenwart bringt, wird sie so gut wie immer exzessiv betrieben. Auf die Vergangenheit (oder in die Zukunft) zu starren, kann aber zu einer hartnäckigen Gewohnheit werden, die kaum noch zu durchbrechen ist. Ohne sich über ihr Tun im Klaren zu sein – und bestimmt auch ohne böse Absicht –, ermuntern viele Therapeuten ihre Klienten regelrecht dazu, in der Vergangenheit (oder der Zukunft) zu leben. Wenn Sie schon einmal eine Therapie gemacht haben, ist Ihnen die weit verbreitete Einladung zum »erneuten Durchleben« der Vergangenheit sicher bestens bekannt. Der Therapeut fordert seinen Klienten – manchmal mit großem Nachdruck – auf, sich auf die Vergangenheit zu konzentrieren, darüber nachzudenken und, vor allem, sie in jeder Einzelheit zu besprechen. Und dies geschieht, *anstatt* dem Klienten zu zeigen, wie er seine Aufmerksamkeit ins Hier und Jetzt zurückbringen und damit den einzigen Weg zum wahren Glück beschreiten kann. Doch damit nicht genug: Neben der Fokussierung auf die Vergangenheit soll der Klient mit den negativen Gefühlen »Kontakt aufnehmen«, die mit den unangenehmen Gedanken früherer Zeiten einhergegangen sind.

Im ersten Kapitel haben wir uns mit der Beziehung zwischen Denken und Fühlen auseinander gesetzt – damit, dass jedes negative Gefühl ein direktes Ergebnis unserer Gedanken ist. Eine ausgiebige Auseinandersetzung mit der Vergangenheit – ob sie nun bewusst geschieht oder nicht – als etwas Gutes hinzustellen, ist zumindest fragwürdig. Tut man es, beschwört man garantiert eine Flut unangenehmer Gefühle herauf, die den Eindruck nur verstärken, dass es in der Tat Anlass für Kummer und Besorgnis gäbe, sodass die Negativität und Opferhaltung zusätzlich gestärkt werden. Auf diese Weise bleibt der Klient weiterhin an sein erlerntes Denksystem und seine gewohnheitsmäßigen Denkmuster gekettet, und der Zugang zu neuen Erfahrungen und der eigenen Weisheit wird ihm zusätzlich erschwert. Wenn wir mit unserer Aufmerksamkeit in der Vergangenheit oder Zukunft festhängen, ist absehbar, dass sich unsere Lebensqualität verschlechtert und nicht verbessert.

Konzentrieren wir uns hingegen weitgehend auf die Gegenwart, erleben wir die Welt überwiegend aus der Warte unserer inneren Weisheit und nicht aus einer Haltung der Reaktivität heraus. Und obgleich wir dann zufrieden sind, unterdrücken oder leugnen wir nichts von dem, was wirklich relevant für uns ist. Die Gedanken und Erinnerungen, die wir für unser persönliches Wachstum *brauchen* (und seien sie noch so schmerzhaft), werden zur gegebenen Zeit in uns aufsteigen: dann nämlich, wenn wir in der Lage sind, mit ihnen umzugehen und auf die inneren Ressourcen zuzugreifen, um etwas mit diesen Informationen anzufangen. Weisheit ist wie ein eingebauter emotionaler Monitor. Sie hilft uns, die Orientierung und den Blick für das rechte Maß zu bewahren. Sie steuert uns in Richtung Glück, ohne uns dazu zu verführen, die Dinge anders zu sehen, als sie in Wirklichkeit sind. Weisheit bietet Platz für Negativität – aber nur dann, wenn dies nötig und angemessen ist. Mit jener Art von Negativität, wie sie so oft in Therapiesitzungen zutage gefördert wird, hat dies kaum etwas zu tun.

Nur wer lernt, im Augenblick zu leben, kann auf Dauer wirklich zufrieden und glücklich sein. Ungeachtet aller vergangenen Erfahrungen, den genauen Umständen unseres jetzigen Lebens, aller Analysen der Vergangenheit oder Spekulationen über die Zukunft werden wir unser Glück erst finden, wenn es uns gelingt, in der Gegenwart zu sein. Ein Geist, der »außer Takt« geraten ist, bildet einen idealen Nährboden für Sorgen, Ängste, Reue und Schuldgefühle. Dies bedeutet nicht, dass wir uns jeden

Augenblick unseres Lebens auf die Gegenwart konzentrieren sollten (oder könnten) – es sollte nur viel öfter geschehen.

Dr. Wayne Dyer, der freundlicherweise das Vorwort für dieses Buch geschrieben hat, verdeutlicht die Wichtigkeit des Lebens im Augenblick anhand eines wunderbaren Beispiels: Nehmen wir an, wir wären auf einem Schiff mitten im Meer und würden uns folgende drei elementare Fragen stellen. Erstens: Was ist das Kielwasser? Nun, es ist jene Spur, die das Boot im Wasser hinterlässt, während es sich vorwärts bewegt. Zweitens: Was treibt das Schiff an? Es ist der gegenwärtige Energieausstoß der Maschine, der das Boot voranbringt. Und drittens: Kann das Kielwasser das Boot antreiben? Die Antwort muss ganz klar »Nein« lauten! Das Kielwasser hat keine Kraft. Es ist das Ergebnis des vergangenen Energieausstoßes und kann in der Gegenwart nichts bewirken. Das einzig Sichtbare daran ist die Spur, die es für eine kurze Weile ins Wasser zieht.

Wenn die Übertragbarkeit dieses Beispiels auf unser Leben auch noch so offensichtlich erscheinen mag – es zu verstehen, ist eine der Grundvoraussetzungen zur Verwirklichung unseres Glücks und unserer Träume. Viele Menschen verhalten sich so, als wäre die Vergangenheit die Triebkraft ihres Lebens. In Wahrheit aber kann sie ebenso wenig bewirken wie das Kielwasser. Zweifelsohne ist das, was in früheren Zeiten passiert ist, geschehen, und ganz gewiss mussten wir uns den Herausforderungen stellen, die uns während unserer Kindheit begegnet sind. Natürlich hat die Vergangenheit Einfluss darauf, wie wir die Welt heute sehen. Doch genau hier endet ihre Bedeutung. Unsere Vergangenheit oder das, was von ihr jetzt übrig geblieben ist, ist die Summe der Gedanken, die wir in Bezug auf sie haben – nicht mehr und nicht weniger. In Wahrheit spielt sich das Gewesene nur in Gedanken ab – es besteht einzig und allein aus Erinnerungen. Die soll den Wert unserer Vergangenheit weder schmälern noch uns glauben machen, dass sie nicht genau so gewesen sei, wie wir sie erlebt haben. Doch die eigene Geschichte schlicht als »harmlose« Erinnerung zu betrachten, versetzt uns in die Lage, unsere Aufmerksamkeit auf den gegenwärtigen Augenblick zu richten und uns von dem Zwang zu befreien, jedem Gedankengang zu folgen, der uns in den Sinn kommt. Wer Erinnerungen als das sieht, was sie in Wirklichkeit sind – als simple, harmlose Gedanken, die uns durch den Kopf gehen –, und sie nicht als aktuelle *Realität* betrachtet, die es zu analysieren und bekämpfen gilt, dem fällt es wesentlich leichter, Hunderte und Aberhunderte zukunfts- und vergangenheitsorientierter Gedanken vorüberziehen zu lassen, die uns tagtäglich in ihren Bann ziehen.

Befassen wir uns mit der Harmlosigkeit unserer Gedanken, so wird uns noch einmal vor Augen geführt, was wir schon aus dem ersten Kapitel wissen: Unsere Gedanken sind nichts, was uns von außen zugefügt wird, sondern wir selbst erzeugen sie in unserem Inneren. Erkennen wir, dass das Denken eine Fähigkeit ist, die wir jederzeit für uns oder gegen uns einsetzen können, brauchen wir uns von ihnen nicht länger ängstigen oder stören zu lassen. Auf einmal können wir sie im Gesamtzusammenhang sehen. Steigt ein Gedanke in unserem Bewusstsein auf, haben wir die Wahl: ihn wahrzunehmen und darauf einzugehen oder ihn ziehen zu lassen. Es liegt ganz an uns. Wir brauchen nicht auf alles und jedes zu reagieren, und es wird uns dann entsprechend leichter fallen, in der Gegenwart zu bleiben. Unser Geist wird nicht mehr auf jede Einzelheit unserer Gedankengänge »springen«.

Ob wir heute an ein Kindheitserlebnis oder an etwas denken, was heute Morgen passiert ist, wann immer unser Fokus von der Gegenwart weggleitet, lassen wir die Vergangenheit mental wieder auferstehen. Solange wir uns darüber im Klaren sind, dass wir selber Urheber unserer Gedanken – dass wir selbst der Denkende – sind, können wir Gefühle von Traurigkeit oder

Zorn vermeiden und aus unserer Opferrolle herausschlüpfen, indem wir mit unserer Aufmerksamkeit wieder in die Gegenwart zurückkehren. Haben wir uns von der weit verbreiteten Auffassung gelöst, dass jeder Gedanke per se wichtig sein müsse, weil er uns sonst nicht in den Sinn gekommen wäre, so brauchen wir uns nicht an ihm festzuklammern. Stattdessen können wir uns vor Augen führen, dass Gedanken an die Vergangenheit nichts anderes als lebhaft gespeicherte Erinnerungen sind. Und Erinnerungen sind, genau wie Träume, Gedankenströme in unserem Kopf. Sie brauchen uns nicht zu beunruhigen.

Gedanken können uns einzig und allein dann Schaden zufügen, wenn wir ihnen zu viel Bedeutung beimessen. Tun wir es nicht, haben sie keine Möglichkeit, uns zu verletzen. Solange wir uns vergegenwärtigen, dass kein Gedanke uns ohne unser Dazutun Leid zufügen kann, haben wir unser Leben selbst in der Hand. Statt uns als Opfer unserer Gedanken zu fühlen und uns von ihnen terrorisieren zu lassen, können wir sie auf Abstand halten. Kommt uns etwas in den Sinn, können wir uns entscheiden, ob wir es beachten, ernst nehmen und darauf reagieren möchten oder ob wir lieber nicht weiter darauf eingehen und zur Tagesordnung übergehen wollen.

Destruktiv kann sich ein Gedanke nur dann auswirken, wenn wir die Tatsache aus dem Blick verlieren, dass das Denken lediglich eine Funktion unseres Bewusstseins ist – eine Fähigkeit, über die wir Menschen nun einmal verfügen und deren Bedeutung man nicht überbewerten sollte. Diese Weisheit lässt uns erkennen, dass unser Lebensgefühl von unserem Denken und nicht von den äußeren Umständen abhängig ist. Und sie schenkt uns das Vertrauen, im Augenblick zu leben, weil sie uns die Angst nimmt, dauernd auf unsere eigenen Gedanken hören zu müssen, um nicht etwas Schlimmes zu riskieren. Mag sein, dass andere, die unser Los teilen, deprimiert sind und sich unablässig beklagen. Wir selbst aber sind im Grunde zufrieden. Das unterschiedliche Lebensgefühl hat nichts damit zu tun, dass dem einen das Schicksal gnädiger ist als dem anderen; es richtet sich vielmehr danach, inwieweit wir die Natur des Denkens durchschauen und es uns gelingt, uns dieses Prinzip spielerisch zu Eigen zu machen.

Diese Betrachtungsweise ermöglicht es uns, einen größeren Teil unserer Zeit im gegenwärtigen Augenblick zu verweilen, da unsere Gedanken uns nicht mehr so beschäftigen. Eilt unser Geist voraus zu den Sorgen und Bedenken oder zurück zum Bedauern und den Verletzungen der Vergangenheit, können wir dies selbst anheim stellen, wieder mit unserer Aufmerksamkeit in die Gegenwart zurückzukehren: »Da bin ich mal wieder in mein altes Fahrwasser geraten!« – So oder so ähnlich könnten wir zu uns selbst sprechen, um uns von unseren Grübeleien zu distanzieren und uns daran zu erinnern, dass wir wieder mehr auf das achten sollten, was im Moment geschieht. Und schon stellt sich das Gefühl von Glück und Zufriedenheit wieder ein.

Dem vierten Prinzip zufolge verraten uns unsere Gefühle mit absoluter Präzision, wann unser Denken fehlgeleitet ist oder uns beeinträchtigt. Ähnlich nützlich sind unsere Gefühle, wenn es darum geht, zu erkennen, wann wir uns mental aus dem gegenwärtigen Augenblick verabschiedet haben. Empfinden wir Langeweile, Ärger oder Enttäuschung, so sind wir mit unseren Gedanken aller Wahrscheinlichkeit nach nicht im Hier und Jetzt. Wenn Sie das nächste Mal gestresst oder frustriert sind, dann überprüfen Sie doch einmal ganz ehrlich, was Ihnen gerade durch den Kopf geht. Bestimmt denken Sie an all das, was Ihnen an Arbeit noch bevorsteht oder was Sie schon gemacht haben; oder auch an etwas Unangenehmes, das passiert ist oder morgen geschehen könnte. Wenn wir innerlich aufgewühlt sind, haben wir unsere Gedanken nur in den seltensten Fällen auf die Gegenwart gerichtet. Der aktuelle Augenblick ist meistens ausgesprochen ruhig und friedlich. Die Richtigkeit dieser

Aussage können Sie mit der folgenden einfachen Übung überprüfen:

Lassen Sie das Buch einen Moment lang sinken und fragen Sie
sich, wo Sie gerade sind und was Sie tun. Sie lesen ein Buch, das
Sie selbst ausgewählt haben. Sie tun es im Sitzen oder Liegen,
hoffentlich an einem bequemen Platz. Und nun stellen Sie sich
Ihr Leben vor, so wie es gerade ist. Denken Sie im Augenblick
nicht an die Dinge, die nicht in Ordnung sind oder Ihnen
womöglich fehlen. Es behagt Ihnen, einfach da zu sein und zu
lesen.

Und nun schauen Sie, was passiert, wenn Sie ein paar Gedanken an das einfließen lassen, was Sie heute oder morgen noch
alles erledigen müssen. Was geschieht, wenn Sie über mögliche
Probleme oder Komplikationen nachzudenken beginnen? Lassen
Sie sich ein paar wirklich gravierende Schwierigkeiten durch
den Kopf gehen. Inzwischen dürften Ihre Grübeleien Sie schon
um Ihre Seelenruhe gebracht haben. Je mehr Raum Sie Ihrer Besorgnis über vergangene oder künftige Ereignisse geben, desto
aufgewühlter und frustrierter werden Sie.

Diese kurze Übung zeigt uns, wie viel Macht das Denken über
uns hat. Unsere Gedanken können uns buchstäblich aus einem
Zustand der gegenwartsbezogenen Ruhe und Gelassenheit ins
innere Chaos katapultieren. Um diese Form der mentalen Sa-
botage zu unterbinden, müssen wir uns bewusst machen, dass
wir im Geiste ständig zu irgendwelchen Problemen, Terminen
und Pflichten vorauseilen oder beim erneuten Durchleben alter
Verwundungen oder Enttäuschungen der Gegenwart immer ein
Stück hinterherhinken. Wir brauchen nicht vorzugeben, dass es
diese Themen nie gegeben hätte – wir sollten uns nur darüber
bewusst werden, wenn wir in diese mentale Dynamik einstei-
gen. Wir sollten einfach darauf achten. Wenn uns dann irgend-

wann unsere Probleme wieder einmal über den Kopf zu wachsen drohen, können wir uns erinnern, dass es an der Zeit ist, die Gedanken auf die Gegenwart zu richten. Und nach einer Weile spüren wir, dass ein Großteil des Lebens – all das, was sich außerhalb des gegenwärtigen Augenblicks abspielt – lediglich Teil unserer Vorstellungen und Gedanken ist. Im Augenblick leben zu lernen, ist so, als würde man sich zum ersten Mal ans Steuer eines Autos setzen. Urplötzlich bestimmen wir selbst, wohin uns das Fahrzeug bringt. Und je mehr wir uns daran gewöhnt haben, in der Gegenwart zu sein, desto leichter fällt es uns, in jedem Moment unseres Lebens neu zu entscheiden, wie wir die Welt erleben möchten.

Achten Sie auf Ihre Gefühle! Sie sind da, um Ihnen zu helfen. Sie sind Ihre Freunde. Fühlen Sie sich schlecht, so nehmen Sie das zur Kenntnis. Beobachten Sie Ihre Gedanken. Worum kreisen Sie? Sind Sie richtig im Hier und Jetzt, dann seien Sie nicht streng zu sich selbst, und grübeln Sie nicht allzu sehr darüber nach, sondern kehren Sie mit Ihrer Aufmerksamkeit einfach in die Gegenwart zurück. Lassen Sie es nicht zu, dass Ihre Gedanken Ihnen den Zugang zum Glück bzw. zur Zufriedenheit versperren.

Sicher haben Sie inzwischen längst erkannt, dass alle fünf Prinzipien aufs Engste miteinander verwoben sind und in ihrer Geschlossenheit eine wunderbare Erklärung für die mentale Dynamik des Glücks liefern. So spielt das Wissen um den Einfluss der Stimmungen eine wichtige Rolle, wenn es darum geht, das Leben im Augenblick zu erlernen. Wenn es vielen Menschen so schwer fällt, im Hier und Jetzt zu sein, so liegt das oft daran, dass sie die Macht ihrer Stimmungen nicht kennen oder nicht wissen, wie sie in Tiefphasen reagieren sollten. Wer nur an das glaubt, was ihm gerade durch den Kopf geht, wenn er in schlechter Stimmung ist, kann sich vor lauter Angst oder Besorgnis kaum auf den gegenwärtigen Augenblick konzentrieren. Stimmungstiefs führen zwangsläufig zu gedanklicher Negativität und Verunsicherung. In solchen Phasen spüren wir das dringende Bedürfnis, von unserer aktuellen Gefühlsverfassung loszukommen. Wie schon gesagt wurde, ist es meines Erachtens in diesem Fall am sinnvollsten, den eigenen Gedanken zu misstrauen, sie zu ignorieren und so lange ad acta zu legen, bis wir uns wieder besser fühlen. Dies ist kein Verleugnen. Wirklich wichtige Angelegenheiten, mit denen wir in Tiefphasen konfrontiert sind, sind auch dann noch da, wenn unsere Stimmung sich gebessert hat. Dann aber können wir wesentlich effizienter mit ihnen umgehen. Das Leben kommt uns stets leichter vor, wenn wir auf unsere innere Weisheit zugreifen können; sind wir hingegen emotional auf dem Nullpunkt, können wir es nur von der ernsten Seite mit all ihren drängenden Problemen sehen. Man muss darauf gefasst sein und die Bereitschaft für kleine mentale Korrekturen aufbringen, zum Beispiel indem wir in solchen Zeiten unsere Gedanken ignorieren bzw. weniger ernst nehmen.

Die allermeisten von uns fallen immer wieder einer heimtückischen Neigung zum Opfer: Wir versuchen, unserem Leben und unseren Problemen auf den Grund zu gehen, wenn unsere Laune im Keller ist. Es liegt in der Natur der Sache, dass wir beim Grübeln unsere Aufmerksamkeit vom gegenwärtigen Augenblick weg auf den Gedanken »Was soll ich tun?« lenken und uns mental mit Zukünftigem oder Vergangenem beschäftigen. Und je mehr wir uns in unseren Gedanken verstricken, desto weiter entfernen wir uns von der Gegenwart.

Einen der sichersten Wege ins Glück ebnet uns die Fähigkeit, uns in Phasen der Niedergeschlagenheit oder des Gestresstseins innerlich zu entspannen und darauf zu vertrauen, dass das Tief und die damit einhergehenden Gefühle ohne unser Dazutun von ganz allein vorübergehen werden. Gehen wir auf unseren Gefühlsdruck ein, geben wir dem Stress damit ständig neue Nahrung. Die naheliegendste Lösung ist also, die während solcher

Phasen in uns aufsteigenden Gedanken zu ignorieren und zu verwerfen.

Einem zufriedenen Menschen erscheint das Geheimnis des glücklichen Lebens höchst einfach: Was heute Morgen, letzte Woche oder vergangenes Jahr auch geschehen sein mag oder was immer heute Abend, morgen oder in drei Jahren passieren wird – das Glück liegt im Hier und Jetzt. Glückliche Menschen betrachten das Leben schlicht als eine Aneinanderreihung von gegenwärtigen Augenblicken, die es zu durchleben gilt. Sie schätzen die Vergangenheit wegen all der Dinge, die sie ihnen über das Leben in der Gegenwart beigebracht hat, und betrachten die Zukunft als Serie neuer Jetzt-Momente, die die Welt für sie bereithält. Und vor allem begreifen sie, dass das wahre Leben sich jetzt, genau in diesem Moment, abspielt.

Dies ist der Schlüssel zu Ihrem persönlichen Erfolg: Wenn Sie sich auf den gegenwärtigen Augenblick konzentrieren und nicht auf jene, die schon vorüber sind oder noch kommen werden, können Sie Ihre Produktivität, Kreativität und Fähigkeit zur Erreichung Ihrer Ziele optimieren. Zu viele zukunfts- oder vergangenheitsorientierte Gedanken vernebeln die Sinne und lenken Sie von Ihrem Tun ab. Je mehr Sie sich auf die Gegenwart ausrichten, desto leichter wird es Ihnen fallen, »in der Spur« zu bleiben, in Ihre Mitte zu kommen, sich zu konzentrieren und Ihre Ziele zu erreichen. Kurzum: Ein nicht abgelenkter Geist kann weise, angemessene Entscheidungen fällen.

Thoreau sagte einmal: »Vor allem können wir es uns nicht leisten, nicht in der Gegenwart zu leben. Gesegnet ist der unter den Sterblichen, der keinen Moment des vergänglichen Lebens mit Erinnerungen an die Vergangenheit vergeudet.« Er spricht mir direkt aus dem Herzen. Sie werden feststellen, wie bemerkenswert einfach es ist, nach diesem Prinzip zu leben. Es braucht nur ein wenig Übung. Fangen Sie noch heute damit an. Achten Sie darauf, wo Sie mit Ihren Gedanken sind. Sind Sie bei dem, was Sie im Augenblick tun? Oder beschäftigen Sie sich mit der Zukunft oder Vergangenheit? Wahrscheinlich werden Sie sich selbst Dutzende, wenn nicht gar Hunderte von Malen dabei erwischen, wie Sie in Gedanken abschweifen. Doch das ist kein Grund zur Sorge. Schon bald wird dies wesentlich seltener geschehen. Sie werden merken, wie glücklich und zufrieden Sie sind, sobald Sie sich auf den Jetzt-Moment konzentrieren. Dieser positive Verstärker wird Sie zum Weitermachen motivieren.

Eine kurze Zusammenfassung

Gedanken, Stimmungen, individuelle Realitäten, Gefühle und der gegenwärtige Augenblick – es geht nicht so sehr darum, die Prinzipien an sich vollständig zu verstehen, sondern vielmehr die Richtung zu erkennen, in die sie weisen. Sie führen fort von der zwanghaften Auseinandersetzung mit Problemen und Menschen und hin zu einem inneren Ort der Stille, zu einem angenehmeren Grundgefühl. Wir sollen nicht das Denken unterlassen, sondern uns vor Augen führen, dass das Denken ein Prozess ist, der seinen Ursprung in unserem Inneren hat.

Haben wir dies eingesehen, können wir dem Denken gegenüber eine gesunde Haltung einnehmen – eine Einstellung, die es uns ermöglicht, zu denken, ohne uns von unseren Gedanken verwirren, beunruhigen, überwältigen oder ängstigen zu lassen. Die Prinzipien lassen uns verstehen, was da in unserem Kopf vorgeht, und verhelfen uns zu mehr Nachsicht und Geduld mit uns selbst und anderen. Sie führen uns vor Augen, dass wir alle auf ein und dieselbe Weise »funktionieren«; und weil dies so ist, können wir unsere Ansprüche an uns und unsere Mitmenschen zurückschrauben. Die Prinzipien dienen als eine Art Straßenkarte, die uns den Weg zu einem positiveren Grundgefühl – zur Liebe – weist.

Grübeln wir über etwas nach, das uns Sorge bereitet, so erinnern uns die Prinzipien daran, dass wir unsere Aufmerksamkeit von diesem Thema abziehen und auf ein Gefühl der Zufriedenheit lenken können. Dieses angenehmere Grundgefühl resultiert nicht daraus, dass wir das Problem bis in alle Einzelheiten durchdacht und eine zufrieden stellende Lösung ersonnen haben; wir beziehen es vielmehr direkt aus dem, was ich gesunde psychische Verfassung nenne. Es ist ebenjenes Glücksgefühl, das sich uns erschließt, wenn wir die Welt nicht aus der Warte unseres persönlichen Denksystems und gewöhnlichen Bezugsrahmens, sondern aus dem stillen Geist heraus betrachten. Die gesunde psychische Verfassung gibt uns nicht nur ein gutes Gefühl, sondern versorgt uns mit neuen lebenspraktischen Ideen und Problemlösungen.

Im nächsten Teil dieses Buches werden wir untersuchen, wie das Wissen um die fünf Prinzipien in Lebensbereichen umzusetzen ist, die gemeinhin als schwierig gelten. Wer die Natur der gesunden psychischen Verfassung kennt, wird sein Leben mit weniger Mühe meistern und allgemein mehr Freude und Genuss empfinden.

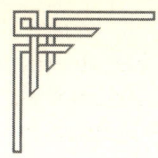
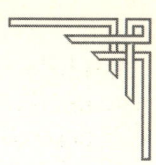

Teil II

—

Die Anwendung
der Prinzipien

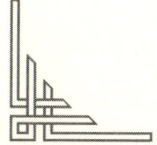
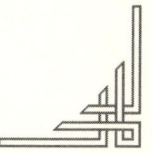

6
Beziehungen

Wer mich so nimmt, wie ich bin, der ist mein Freund.
Henry David Thoreau

Beziehungen sind für viele Menschen ein schwieriges Terrain. Haben wir aber erst einmal ihre Natur erkannt und verstanden, welche Rolle die fünf Prinzipien dabei spielen, werden wir den Kontakt mit anderen nicht mehr als problematisch, sondern als überaus bereichernd erleben.

Jede Beziehung fängt bei uns selbst an. Sind wir in der Lage, uns selbst in ein positiveres Grundgefühl einzuklinken, öffnen wir die Tür für gegenseitigen Respekt, offene und ehrliche Kommunikation und echte Liebe. Fließt unser eigenes Leben von Glück und Zufriedenheit über, können wir etwas davon an andere abgeben. Sind wir mit uns selbst im Reinen, müssen wir andere nicht überkritisch betrachten oder uns vor ihnen rechtfertigen, weil wir sie nicht länger als Bedrohung empfinden.

Jeder Mensch, mit dem wir zu tun haben, schlägt sich, so gut er kann, durchs Leben. Keiner steht morgens mit der Absicht auf, uns den Tag zu verderben (wenn man einmal von ein paar ziemlich Gestörten absieht). Jeder ist bemüht, sein Bestes zu tun, um sein Leben und das der anderen erfolgreich zu gestalten. Die meisten – und ganz besonders die uns nahe Stehenden – sind dankbar für jede Möglichkeit, uns zu helfen, damit alles reibungslos läuft.

Aus psychologischer Sicht »funktionieren« wir im Prinzip alle auf dieselbe Weise: Ein jeder von uns ist Stimmungen unterworfen. Da unser *Denken* und unsere *Launen* jedoch etwas höchst Individuelles sind, lebt jeder Einzelne in seiner *eigenen Realität*. Und wir alle haben *Gefühle*. Diese psychischen Komponenten treffen für alle Menschen überall auf der Welt zu. Sie gelten für uns, für unseren Partner, unsere Kollegen, unsere Kinder; sie gelten für mich, meine Frau, meine Töchter, meine Klienten; sie gelten für jeden.

Kommen wir auf das Prinzip der Gedanken zurück: Jeder Mensch denkt jetzt und bis an sein Lebensende in einem unablässigen Strom. Wir haben es hier mit einem unpersönlichen Element des Daseins zu tun, das voranschreitet, ob wir es wollen oder nicht. Ob Regen oder Sonnenschein, die Gedankenmühle in unser aller Köpfen dreht sich weiter. Wie können wir diese Fähigkeit zu unserem Vorteil nutzen?

Das Denksystem der anderen

Wie wir gesehen haben, schleifen sich in unserem Geist wiederkehrende Gedankenmuster ein, die sich zu einem individuellen Denksystem formieren. Da sich dieses aus sich selbst heraus rechtfertigt (Psychologen sprechen von einem »geschlossenen System«), können wir es nicht infrage stellen, sodass uns unsere Weltsicht stets als präzise und realistisch erscheinen muss. Da jedes sich selbst rechtfertigende System so sehr auf Eigenschaften programmiert ist, neigen wir dazu, die Lebens- und Vorgehensweisen anderer in Zweifel zu ziehen. Informationen, die sich nicht mit unseren bestehenden Glaubenssätzen decken, werden von unserem Denksystem ausgefiltert und als »unvereinbar mit der Wahrheit«, »komisches Verhalten«, »befremdlich«, »unüblich«, »anders« und vor allem »falsch« klassifiziert.

In dem Maße, wie wir einen Menschen näher kennen lernen, lässt unsere Neigung, dessen Denksystem infrage zu stellen, nicht nach, sondern sie nimmt eher noch zu. Je mehr Zeit und Gelegenheit wir haben, mit dem anderen Denksystem zu interagieren, desto größer ist die Wahrscheinlichkeit eines Konflikts. Aus diesem Grunde erscheint so vielen die Ehe als heikelste aller Beziehungsformen. Und für jene, die nicht verheiratet sind, ist die schwierigste Beziehung die zu dem Menschen, der ihnen am meisten verbunden und am vertrautesten ist. Es mag unlogisch klingen, dass uns ausgerechnet diejenigen am meisten nerven, denen wir am nächsten sein wollen. Aber es geht gar nicht anders, es sei denn, wir würden verstehen, auf welche Weise wir selbst und unsere Partner psychisch funktionieren. Dann nämlich geschieht das genaue Gegenteil. Dieses Wissen schenkt uns neue Liebe und Respekt für die Menschen, mit denen wir aus freiem Entschluss einen Großteil unserer Zeit verbringen. Es bewahrt die Wertschätzung, die wir ihnen ob ihrer Besonderheit und Einzigartigkeit entgegenbringen. Der Anlass für unsere Meinungsverschiedenheiten erscheint uns nicht mehr so wichtig – ja, vielleicht können wir sogar darüber lachen! Auf einmal sehen wir den anderen als Persönlichkeit mit seiner besonderen Wesensart und nicht mehr als Feind.

Es ist von größter Bedeutung, zu wissen und zu verstehen, dass unser Partner (oder jeder andere Mensch, mit dem wir in einer Beziehung stehen) das Leben ebenso klar sieht wie wir selbst. *Keiner* kann seine Weltanschauung in Frage stellen, weil der Gedanke Urheber unserer Erfahrung ist. Da wir das Leben von innen heraus betrachten, muss unsere Sicht zwangsläufig unser Denksystem passieren, und darum kommt es uns stets so vor, als ob *jeder* die Dinge genauso sehen würde wie wir selbst – wenn er doch bloß nicht so blind und so stur wäre. Aber er kann es eben nicht und wird es niemals können. Von dieser Tatsache müssen wir ausgehen, um Beziehungen als durchweg positiv zu erleben.

Diese Erkenntnis macht zugleich demütig und frei. Einerseits müssen wir zugeben, dass das, was wir bislang als »Leben« bezeichnet haben, unser Dasein nicht hundertprozentig erfasst. Unsere persönliche Sicht der Dinge und Einschätzung anderer Menschen ist willkürlich. Wäre die in unserer Erinnerung und unserem Denksystem eingespeicherte Information anders ge-

wesen, so wäre weder unsere Weltanschauung noch unsere Reaktion auf unsere Mitmenschen dieselbe wie heute.

Das Tröstliche an diesem Wissen ist, dass unsere ureigene
Auslegung des Lebens falsch ist. Sie ist ebenso berechtigt wie
die eines jeden anderen, da wir aus psychologischer Sicht alle
nach dem gleichen Muster gestrickt sind. Betrachten wir einander auf diese Weise, rechnen wir damit, dass jeder von uns die
Dinge anders sieht. Und weil wir davon ausgehen, wenn jemand doch einmal haargenau so denkt wie wir selbst. Ist dies
aber nicht der Fall, dann ist das auch in Ordnung. Wir fangen
an, uns zu sagen: »Ach so, das ist also die Art und Weise, wie
man damit in seiner Welt umgeht.«

Ich will nicht behaupten, dass wir unsere Meinungsverschiedenheiten nicht ernst nehmen oder ungerührt über sie hinweggehen
sollten. Das habe ich schon in den Kapiteln über die Gedanken
und individuellen Realitäten betont. Unsere Denksysteme an
sich sind neutral. Wir können weder ihre Existenz leugnen noch
sie auf irgendeine Weise loswerden. Bestenfalls können wir begreifen, dass wir (ebenso wie jeder andere) sie haben und sie unsere Weltanschauung prägen. Ist uns das klar geworden, begegnen wir unserer inneren Stimme mit gewissen Vorbehalten – mit
Weisheit und einem Sinn für das rechte Maß. Wir können lernen, uns und unsere eigenen Gedanken weniger wichtig zu nehmen. Mit zunehmendem Verständnis können uns andere nicht
mehr so leicht aus der Bahn werfen; wir nehmen ihre Gedanken
weniger persönlich und nicht mehr so ernst. Mag sein, dass unsere Meinungen diametral entgegengesetzt sind, aber das ist voll-
kommen in Ordnung. Wir sind nicht mehr auf völlige Überein-
stimmung angewiesen, denn wir haben jetzt eine neue Perspek-
tive.

Das liebevolle Grundgefühl in Beziehungen stärken

Das wichtigste Kriterium zur Einschätzung der Qualität einer Partnerschaft ist das Gefühl, das sich zwischen zwei Menschen aufgebaut hat. Ist es angenehm, so sprechen wir von einer guten Beziehung; ist es weniger angenehm – hat sich das liebevolle Grundgefühl also verflüchtigt –, bezeichnen wir sie als schlecht. Jede Beziehung beginnt mit einem gewissen Maß an Wärme und Zuneigung, denn ohne diese Gefühle hätte sie sich erst gar nicht weiterentwickelt. Diese positive Grundeinstellung kann sich stabilisieren, weil die Beteiligten einander anfangs nicht kritisch gegenüberstehen. Starren wir nicht auf die negativen Aspekte eines Menschen, so stellen sich natürliche Gefühle wie Liebe und Respekt ein.

Was immer wir einem anderen auch sagen mögen, es sind nicht unsere Worte, sondern unsere Empfindungen, die ihre Wirkung zeigen. Stellen wir uns beispielsweise vor, ein Mann sagt zu seinem Kind: »Natürlich liebe ich dich; schließlich bin ich dein Vater«, und er bringt dies in einem barschen Ton vor – das Kind wird ihm seine Worte nicht glauben. Es hört und spürt, welche Gefühle sich in Wirklichkeit dahinter verbergen. Tagtäglich erleben wir unzählige Beispiele, die sich hier anführen ließen. Ob wir mit unseren Kindern, dem Ehemann oder der Ehefrau, unserem Partner, mit Freunden, dem Chef, unseren Mitarbeitern oder einem wildfremden Menschen sprechen, stets sind es die Gefühle hinter unseren Worten und nicht die Worte selbst, die bestimmen, wie der andere uns interpretiert und auf uns reagiert.

Wollen wir einem anderen Menschen gegenüber wieder ein Gefühl von Wärme entwickeln, müssen wir uns zunächst vor Augen führen, wie wichtig dieses Gefühl ist, und es zu unserer Priorität erheben. Sind wir einander über diese liebevolle Empfindung verbunden, treten unsere Unterschiedlichkeiten weitgehend in den Hintergrund. Gibt es dennoch Differenzen, die es zu klären gilt, können wir dies auf ruhige Art und Weise aus unserer inneren Weisheit heraus tun. Fehlt uns das wohlwollende Grundgefühl dem anderen gegenüber, werden unsere Reaktionen direkt von unserem gewohnheitsmäßigen Denksystem aus gesteuert, das uns permanent auf Diskrepanzen hinweist und dem anderen die Schuld für die eigene Unzufriedenheit zuschiebt. Doch wie wir gesehen haben, sind unsere Gefühle nicht das Produkt zwischenmenschlicher Unterschiedlichkeiten, sondern des eigenen Denkens. Begreifen wir diese Zusammenhänge, können wir uns aus den negativen Folgen unseres eigenen Denkprozesses befreien.

Der zweite Schritt zur Wiedergewinnung unseres liebevollen Grundgefühls für andere besteht darin, zu erkennen, dass ihr unangebrachtes Verhalten keiner bösen Absicht entspringt. Wir müssen hinter die Fassade schauen, denn letztlich verbirgt sich selbst hinter der ruppigsten Maske eine liebevolle, freundliche und mitfühlende Seele. Bislang ist mir weder im Beruflichen noch im Privaten irgendjemand begegnet, der sich selbst nicht als – zumindest potenziell – guter Mensch betrachtet hätte. Selbst wer nach außen hin aggressiv, stur und egoistisch erscheint, glaubt, nett zu sein (oder er würde es zumindest gern glauben).

Das Prinzip der Stimmungen lehrt uns, dass wir alle im Grunde zwei Persönlichkeiten in uns tragen. Sind wir positiv »gepolt«, haben wir Zugang zu Weisheit und gesundem Menschenverstand. Dann sind wir freundlich, hilfsbereit und gütig. Ist hingegen unsere negative Seite am Zug, verlieren wir den Sinn fürs Gleichgewicht. Wir stolpern durchs Leben, haben einen Hang zur Negativität und blähen die Fehler anderer in ihrer Bedeutung auf. Welche unserer Facetten gerade zum Tragen kommt, liegt am Grad der inneren Unsicherheit (oder Sicherheit), die wir in dem betreffenden Augenblick spüren.

Nehmen Sie sich einen Moment zur Selbstreflexion. Wie handeln und denken Sie in Situationen, in denen Sie sich unsicher fühlen? Sind Sie dann etwa unbeschwert, gelassen und in der Lage, offen auf andere zuzugehen? Natürlich nicht! Und genauso wie uns selbst ergeht es jedem anderen Menschen, mit dem wir es zu tun haben. Besitzen wir die Bescheidenheit, dieses menschliche Phänomen zu akzeptieren, können wir unsere Ansprüche an das Verhalten anderer zurückschrauben. Keiner macht eine optimale Figur, wenn er sich unsicher fühlt.

Wählen Sie als Beispiel einen Menschen aus Ihrem Bekanntenkreis aus, den Sie als unangenehm oder allzu forsch erleben – jemanden, dem Sie nicht ohne weiteres mit einem positiven Grundgefühl begegnen können. Nun wissen Sie aber, dass es ungeachtet der Schwierigkeiten, die Sie selbst mit ihm haben, durchaus Menschen gibt, die gut mit ihm zurechtkommen. Wie schaffen sie das? Sind die anderen etwa realitätsblind? Natürlich nicht! Sie tun einfach das, was wir alle bei Menschen tun, die wir gern haben, selbst wenn es uns oft nicht bewusst ist; sie schauen *hinter die Fassade* seines Verhaltens. Die Person, die sie mögen, ist nichts Statisches, auf alle Ewigkeit in Stein Gemeißeltes, sondern jemand, dessen Benehmen je nach dem Grad seiner Unsicherheit gewissen Schwankungen unterworfen ist. »Jim hat das gar nicht so gemeint. Er reagiert eben manchmal etwas ungehalten und sagt Dinge, die er besser für sich behalten sollte«, so lautet ihr Kommentar. Sie sehen Jim in seiner ganzen Persönlichkeit, während wir nur Jims *Verhalten* sehen.

Ein jeder von uns ist in der Lage, über den Tellerrand menschlichen Verhaltens hinauszublicken, und intuitiv tun wir dies auch immer wieder. Mal um Mal ignorieren oder rechtfertigen wir kein unpassendes Verhalten bei Menschen, die uns nahe stehen, wenn wir merken, dass sie sich momentan unsicher fühlen. Wollen wir unsere Beziehungen verbessern, müssen wir ebendiese Reaktion ganz bewusst vollziehen und dem Betreffenden auch dann mit einer positiven Einstellung begegnen, wenn er das in unseren Augen am wenigsten verdient hat. Mit zunehmender Übung wird uns dies zu einem innigeren Kontakt und mehr gegenseitigem Respekt verhelfen.

Die Bedeutung dieses positiven Grundgefühls für unsere zwischenmenschlichen Beziehungen kann gar nicht genug betont werden. Erschließen wir uns den Zugang dazu, können wir nicht nur das Beste in uns selbst zum Vorschein bringen, sondern auch in den Menschen, mit denen wir zu tun haben. Es steht nicht zur Debatte, ob unsere Partner sich je wieder aus einem Gefühl der Unsicherheit heraus in unseren Augen unangemessen verhalten werden oder nicht. Selbstverständlich werden sie das tun. Es geht vielmehr darum, ihnen gegenüber trotzdem positiv gestimmt zu bleiben. Gelingt uns dies, stärkt das ihr Selbstvertrauen, und damit verbessert sich ihr Verhalten. Jeder profitiert davon! Unser Partner wird unser Mitgefühl und unsere Zuneigung bestimmt zu schätzen wissen und kann aus der Erfahrung nur lernen. Schaffen wir es hingegen nicht, ihm auch weiterhin liebevoll zu begegnen, wird er noch unsicherer, als er ohnehin schon ist. Dies wiederum treibt ihn weiter in sein unangebrachtes Verhalten und zementiert seine missliche Gefühlslage.

Der Fehler, den Partner in schlechten Beziehungen machen, besteht darin, negatives Verhalten persönlich zu nehmen. Merken wir erst einmal, wie leicht, vernünftig und machbar es ist, unser positives Grundgefühl für andere (selbst unter widrigen Bedingungen) aufrechtzuerhalten, reduziert sich die Anzahl und Heftigkeit der Angriffe, denen wir uns ausgesetzt fühlen. Die anderen spüren, dass wir ihnen innerlich zugetan sind; sie fühlen sich bestärkt und lassen mehr Nähe zu, was wiederum neue positive Gefühle auslöst.

Im Volksmund heißt es: »Der Ton macht die Musik.« Das bedeutet, es kommt nicht so sehr darauf an, *was* man sagt, sondern *wie* man es sagt. Dieses »wie« ist es, das das Gefühl hinter den Worten verrät. Nehmen wir Kontakt mit einem positiven Gefühl in uns auf, *bevor* wir zu sprechen beginnen, schafft dies die Voraussetzung für eine günstig verlaufende Interaktion. Selbst wenn wir meinen, im Recht zu sein oder wirklich einen Grund dafür zu haben, dass wir uns aufregen, sollten wir warten, bis ein besseres Gefühl in uns aufsteigt. Unsere Reaktion wird dadurch in jedem Fall angemessener und wirkungsvoller ausfallen. Das heißt natürlich nicht, dass wir so lange ausharren sollten, bis uns ein paar freundliche Worte einfallen. Es geht vielmehr darum, erst einem positiven Gefühl nachzuspüren. Taucht es auf – und das wird unweigerlich geschehen –, ergeben sich die Worte wie von selbst. Vielleicht sind sie freundlich, wenn dies angebracht ist, vielleicht aber auch nicht. Doch wer erst dann spricht, wenn er wieder positiver gestimmt ist, kann seine Beziehungen deutlich verbessern.

In extremen Situationen, in denen es uns unmöglich erscheint, auch nur ein Fünkchen Wohlwollen in uns selbst zu entdecken, sollten wir zumindest wissen, dass unser innerer Zustand sich auf unser Gegenüber auswirkt. Wir haben es in der Hand, unsere positive Einstellung dem anderen gegenüber selbst dann zu wahren, und mit Weisheit und Mitgefühl zu reagieren, wenn er sich einmal daneben benimmt. Dies wiederum weckt Respekt und Verständnis und nimmt der beiderseitigen Frustration die Spitze. Am Ende sehen beide die Sache klarer und aus größerer Distanz.

Anstatt wegen unserer Gutmütigkeit als Fußabtreter missbraucht zu werden, finden wir endlich den (Selbst-)Respekt und die Liebe, nach denen wir uns immer gesehnt haben. Was anderen Anerkennung und Bewunderung abverlangt, ist unser Wissen um die eigenen Gemütszustände (besonders wenn wir in einem Tief stecken) und die Fähigkeit, die Fassung zu bewahren, wenn alle anderen ringsum den Kopf verlieren. Wen hätten Sie im Zweifelsfall lieber in Ihrer Nähe – jemanden, der bei dem kleinsten Anlass in helle Aufregung oder gar Panik verfällt, oder jemanden, der ruhig und gelassen bleibt und selbst aus schwierigen Situationen das Beste zu machen versteht?

Das Maß unserer Unfähigkeit, einem anderen Menschen ein positives oder wohlwollendes Gefühl entgegenzubringen, steht in direktem Zusammenhang mit den negativen Gedanken, die er in uns auslöst – sei es im aktuellen Zusammenhang oder in Form von unliebsamen Erinnerungen. Lösen wir uns von diesen Gedanken und Erinnerungen, kehren unsere positiven Gefühle für den Betreffenden zurück. Wenngleich es uns normal erscheinen mag, ist es doch alles andere als natürlich, einem anderen gegenüber Negativität, Frustration oder Gereiztheit zu empfinden. Tun wir es dennoch, ist dies ein Signal dafür, dass wir das Leben und andere Menschen wieder einmal durch die Brille unseres gewohnheitsmäßigen Denksystems betrachten.

Führen wir uns doch einmal vor Augen, was geschähe, wenn wir mit einem unserer Lieben in Streit geraten wären und mitten in der Auseinandersetzung auf einmal das ganze Haus in Flammen stünde und unser aller Leben in Gefahr wäre. Unser Wortgefecht wäre urplötzlich nicht mehr wichtig. Es geriete vorübergehend in den Hintergrund und würde den Gedanken ans Überleben und der Besorgnis für die anderen weichen. Es ginge nur noch darum, sich und den anderen in Sicherheit zu bringen. Durch die Verschiebung der Prioritäten würde sich das Gefühl zwischen den beiden Streitenden augenblicklich verändern.

Viele Eltern haben ähnliche Erfahrungen mit ihren Kindern gemacht. In einem Augenblick sind sie wütend – weil sie beispielsweise daran denken, dass das Kind wieder einmal viel zu spät nach Hause kommt – und im nächsten erleichtert, weil sie am Telefon erfahren haben, dass es noch lebt, nachdem es soeben bei einem schweren Unfall um Haaresbreite dem Tode entronnen ist. Wohl jeder kennt solche Zwischenfälle aus Erzählungen oder auch aus eigenem Erleben.

In solchen Fällen vergessen die Betroffenen, worüber sie sich geärgert haben, und dies verändert ihre Gefühle dem anderen gegenüber. Das wohl prägnanteste Beispiel in dieser Reihe ist, wenn ein Paar, in dessen Ehe es kriselt, erfährt, dass einer von beiden an einer tödlichen Krankheit leidet. Schlagartig erkennen sie die Absurdität und Überflüssigkeit aller Gefühle, die nicht von Liebe füreinander getragen sind. Die in jahrelangen Auseinandersetzungen entstandene Bitterkeit verfliegt, und das Miteinander ist wieder von Zuneigung und Mitgefühl geprägt.

Dieses neue Verständnis von der Pflege und Förderung von Beziehungen bringt uns in eine prekäre Lage. Zu viel haben wir über die Funktionsweise unserer Psyche erfahren, als dass wir nun einfach zur Tagesordnung übergehen und das Ganze vergessen könnten. Wir müssen uns jetzt entscheiden, ob wir ein positiveres Lebensgefühl zurückgewinnen und unsere Beziehungen verbessern wollen oder ob wir es vorziehen, weiterhin dysfunktionale Denkmuster zu pflegen und unsere Unzufriedenheit zu nähren.

Ich rede hier wohlgemerkt nicht vom positiven Denken oder davon, dass wir uns schöne Gedanken einreden sollten, sondern dass der Akt des Denkens die Quelle unseres Unglücks und unserer mangelnden Zufriedenheit sein kann. Sie haben das Recht, auch weiterhin und – wenn es sein muss – bis in alle Ewigkeit genau das zu denken, was Sie möchten; doch wer erst einmal verstanden hat, wie sehr unser Denken in jedem einzelnen Augenblick unsere Erfahrungen prägt, wird unweigerlich dazu kommen, sich von solchen Gedanken zu verabschieden, die ihn von seinem Ziel abbringen.

Was will ich – Recht haben oder glücklich sein?

Wenn das wichtigste Element unserer persönlichen Beziehungen das Gefühl zwischen uns und unserem Partner ist, dann wird das Rechthaben zumindest in solchen Fällen irrelevant, in denen es unserer Liebe des anderen Abbruch tut. Verstehen wir, dass unser Glaubenssystem ständig nach Rechtfertigungen für unsere eigene oberflächliche Interpretation des Lebens sucht, so wissen wir gleichzeitig, dass es jedem anderen Menschen ebenso ergeht. Ist uns dies klar, brauchen wir uns nicht mehr über unsere Differenzen zu streiten oder aufzuregen.

In dem Maße, wie sich zwischen zwei Menschen zunehmend ein liebevolles Grundgefühl etabliert, verliert die Frage von Richtig oder Falsch immer mehr an Bedeutung. Wir können unsere Meinungen oder Vorlieben durchaus beibehalten, doch wir tun es in dem Wissen, dass wir sie aus dem Fundus unserer Gedanken und nicht der ewigen Wahrheit beziehen. Während die Zufriedenheit in unserer Beziehung wächst, bemerken wir auf einmal, was genau uns von diesem Gefühl entfernt. Einer der Hauptkatalysatoren, die dies bewirken, ist unser Wunsch, Recht zu haben.

Eine allzu vehement vertretene Meinung stellt Bedingungen auf, die es zu erfüllen gilt, bevor wir glücklich sein dürfen. In Beziehungen könnte sich das etwa so anhören: »Du musst mir zustimmen oder meine Sicht der Dinge teilen, damit ich dich lieben und respektieren kann.« Aus einer positiveren Gemütsverfassung heraus betrachtet, mag eine solche Haltung albern und kontraproduktiv erscheinen. Wir können selbst in wichtigen Fragen unterschiedlicher Meinung sein und einander dennoch lieben, sofern unsere Denksysteme keine Kontrolle mehr über uns haben und wir keine böse Absicht hinter unseren abweichenden Standpunkten vermuten.

Das Bedürfnis, Recht zu haben, entsteht aus einer ungesunden Beziehung zu unseren eigenen Gedanken. Glauben Sie, Ihre Gedanken seien ein originalgetreues Abbild der Wirklichkeit und müssen dementsprechend verteidigt werden; oder ist Ihnen bewusst, dass jeder Mensch die Realität mit eigenen Augen betrachtet und sie sich dementsprechend unterschiedlich darstellt? Wie Sie diese Frage beantworten, entscheidet maßgeblich darüber, ob Sie auf Dauer glücklich und zufrieden sein können oder nicht.

Soviel ich weiß, hat jeder, der einem positiven Lebensgefühl den Vorzug über das Rechthaben eingeräumt hat, festgestellt, dass sich Meinungsverschiedenheiten über kurz oder lang von allein klären. Mehr Verbindlichkeit dem anderen gegenüber ermöglicht uns, die Position des anderen zu verstehen, genauer hinzuhören und unsere eigene Auffassung einfühlsamer und liebevoller zum Ausdruck zu bringen. (Ja, vielleicht können wir noch das eine oder andere dabei lernen!) Auf einmal können wir uns den Luxus erlauben, uns keine Sorgen darüber zu machen, ob am Ende etwas herauskommt, das uns nicht passt.

Stimmungen in Beziehungen

Manchmal hat wohl jeder von uns den Eindruck, das Leben von Dr. Jekyll und Mr. (oder Ms.) Hyde zu führen. In stimmungsmäßigen Hochphasen kommen uns unsere Mitmenschen überaus nett und liebenswert vor. Wir erkennen die Schönheit von Beziehungen, haben einen Blick für das rechte Maß und Zugang zu unserer inneren Weisheit. Wir sind kompromissbereit, haben Verständnis für andere Meinungen und können alles mit einer Prise Humor betrachten. Unser gesunder Menschenverstand sagt uns, worauf es ankommt, und instinktiv tun wir das Richtige, wenn es einmal brenzlig wird.

In Tiefphasen hingegen verlieren wir den Überblick (oder die

Fassung), und unser Dasein erscheint uns hart und frustrierend. Unsere Beziehungen werden uns zur Last, unsere Mitmenschen gehen uns auf die Nerven; es kommt uns so vor, als hätte es jeder irgendwie auf uns abgesehen. In solchen Zeiten fassen wir es als Affront auf, wenn andere unsere Sicht der Dinge nicht teilen, und alles wirkt dringlich und bedrohlich. Aus dieser Gemütsverfassung heraus wirkt jedes Problem wie die Spitze eines Eisbergs aus unendlich größeren Schwierigkeiten.

Ist unsere gute Laune zurückgekehrt, machen wir uns keine großen Gedanken mehr. Alltag und Beziehungsleben funktionieren reibungslos, und alles scheint sich irgendwie zum Besten zu wenden. Doch kaum kommt die Düsternis wieder über uns, machen sich die Sorgen erneut breit. Und ausgerechnet dann, wenn unsere Stimmung am tiefsten gesunken ist und wir am wenigsten dazu in der Lage sind, ist die Versuchung am größten, Probleme lösen oder Dispute mit anderen austragen zu wollen.

Das Auf und Ab unserer eigenen und fremder Stimmungen zu verstehen, ist die Grundvoraussetzung für harmonische, bereichernde Beziehungen. Stecken wir in einer Tiefphase, ohne es zu registrieren – Achtung: Ohne es zu wissen, stolpern wir in Schwierigkeiten hinein, weil uns alles im Leben so überaus dringlich erscheint.

Werden wir durch das Schrillen der Alarmglocke unseres eingebauten Warnmelders, also unserer Gefühle, daran erinnert, dass wir in einem Stimmungstief stecken, und wissen wir, was das bedeutet, werden wir instinktiv jede Diskussion über Probleme und Sorgen vertagen (so weit dies möglich ist). Da wir aus einer solchen Verfassung heraus weder unsere Mitmenschen noch die Gegebenheiten unvoreingenommen sehen können, sind wir jetzt kaum in der Lage, umsichtige Entscheidungen zu fällen. Wir sind defensiv, stur, ärgerlich und engstirnig – und halten damit gleich vier Schlüssel zum Misslingen einer Partnerschaft in der Hand. Aus einer positiveren Stimmung heraus werden uns die Probleme weniger gravierend erscheinen; und allein dieses Wissen führt dazu, dass wir uns schneller aus dem Tief befreien können und die Sache nicht noch durch Fehlentscheidungen und überzogene Reaktionen komplizieren.

Schlechte Stimmungen lassen sich nicht vermeiden, aber wenn wir sie erkennen und einzuordnen wissen, können wir uns zurücklehnen und abwarten, bis sich bessere Gefühle eingestellt haben, bevor wir die Lösung wichtiger Fragen in Angriff nehmen.

Folgendes Beispiel soll zeigen, wie es mir selbst einmal gelungen ist, anhand dieses Wissens eine potenzielle Streitquelle zu entschärfen. Ich war an jenem Tag in denkbar schlechter Laune. Die ganze Zeit über hatte ich mit Klienten gearbeitet und war entsprechend müde. Irgendwie hatte mir nichts so recht gelingen wollen. Kaum war ich zu Hause angelangt, klingelte das Telefon; der Anrufer steckte in einer Krise und brauchte dringend meinen Rat. Aber ich hatte keine Lust auf dieses Gespräch. Ich wollte ein heißes Bad nehmen oder ein wenig mit meiner Frau oder meiner Tochter zusammen sein – aber der Mensch am anderen Ende der Leitung wollte einfach nicht zum Schluss kommen.

Früher, als ich noch nichts über Stimmungen wusste, hätte mich diese Szene zur Weißglut getrieben. Ich wäre wütend und genervt gewesen, hätte etwas barsch reagiert und mich später für mein Verhalten entschuldigt – es sei denn, ich hätte mich besonders stur gestellt und auf meinem Recht beharrt, auch einmal wütend sein zu dürfen. Ohne es zu merken, hätte ich bestimmt zumindest einen Teil meiner Frustration an meiner Frau ausgelassen. Aber an jenem Tag war mir der Grad meiner Verstimmtheit bewusst, und es war mir klar, dass mir das Ganze im Moment schlimmer erschien, als es sich im Nachhinein erweisen würde. Und so hörte ich dem Anrufer, so gut es ging, zu und sagte ihm, ich würde mir sein Problem durch den Kopf gehen lassen und ihn dann zurückrufen. Dann schob ich die Gedanken an das Gespräch beiseite und nahm mir vor, mich später mit der Sache zu befassen, wenn ich mich wieder erholt hatte. Und wie könnte es anders sein: Nach wenigen Stunden fühlte ich mich schon wieder besser und wusste *ohne* großes Nachdenken, was in der Angelegenheit des Anrufers zu tun war.

Es ist wichtig, sich immer wieder daran zu erinnern, dass ein Problem, dem wir uns in einer Tiefphase gegenübersehen, auch dann noch da ist, wenn es uns wieder gut geht. Dann aber sind wir wesentlich besser in der Lage, mit Schwierigkeiten aller Art umzugehen. Ein weiterer Punkt ist überaus bedeutsam. Unbestrittenermaßen gibt es Momente, in denen wir nicht auf bessere Laune warten können. Gewiss hätte uns eine ausgeglichene Gemütsverfassung passendere Antworten auf unsere Fragen geliefert, und wir hätten unsere Probleme mit mehr Geduld und Weisheit lösen können. Doch eine gute Stimmung lässt sich nun einmal nicht erzwingen. Solange wir uns über unsere Gemütsschwankungen im Klaren sind, ist das nicht weiter schlimm. Wir tun einfach unser Bestes in dem Bewusstsein, wie es um uns bestellt ist. Hätte ich in dem oben geschilderten Beispiel sofort eine Entscheidung treffen müssen, hätte ich es in dem Wissen getan, dass ich die Situation nicht wirklich beurteilen konnte. Es wäre mir klar gewesen, dass es sich um einen Notfall handelte, und ich hätte die angesichts meiner Gemütsverfassung bestmögliche Lösung gefunden, wissend, dass die Bedingungen alles andere als ideal waren. Erkennen wir, dass wir in einem Stimmungstief stecken, gelangen wir letztendlich zu besseren Entscheidungen, als wenn wir (irrtümlicherweise) davon ausgingen, die Welt (und die Fakten) seien exakt so, wie wir sie sehen. Bringen wir wohlwollendes Verständnis für unsere eigene Gemütsverfassung auf, macht uns das weicher und verleiht uns ein Stück Weisheit und Selbsterkenntnis, die wir beim Finden von Problemlösungen in schwierigen Zeiten gut gebrauchen können.

Es ist wichtig zu wissen, wann wir selbst, aber auch, wann die anderen in einer Tiefphase stecken. Die meisten haben ein gutes Gespür für die Stimmungen ihrer Mitmenschen, besonders wenn sie mit diesen eng vertraut sind. In der Tat fällt es uns oft leichter, fremde Gemütszustände – zumal die negativen – zu erkennen als unsere eigenen. Merken wir, dass der andere schlechte Laune hat, sollte uns das Wissen um die Stimmungen dazu bringen, uns deshalb keine Sorgen zu machen, und wir sollten das Ganze nicht persönlich nehmen.

Fällt ein Mensch, den wir kennen, den wir lieben oder mit dem wir zusammenarbeiten, in ein emotionales Loch, geht ihm jeder Sinn für Humor oder das rechte Maß verloren. Ob Ehepartner, Kollege, Kind, Mitarbeiter, Freund oder sonst wie Bekannter – wer schlechte Laune hat, sagt und tut Dinge, von denen er in besseren Zeiten nicht einmal träumen würde. Wüssten wir nicht um das Phänomen der Stimmungen und ihrer Auswirkungen auf den Menschen, so würden uns solche fehlgeleiteten Aktionen oder Kommentare womöglich ärgern oder verletzen.

Heißt das, dass wir künftig jedes unangebrachte Verhalten entschuldigen sollten? Ja und nein. Es geht nicht darum, beide Augen fest zu verschließen oder vorzugeben, dass uns etwas nichts ausmacht, sondern darum, einen Menschen mit all seinen Stimmungen anzunehmen. Auf das Verhalten eines anderen, der verstimmt ist, heftig zu reagieren, ist so, als würden wir uns mit dem Wetter anlegen – beide Male handelt es sich um etwas, das außerhalb unserer Macht liegt. (Natürlich wäre es uns lieber, wenn der andere in solchen Zeiten nicht so abwehrend oder überkritisch wäre!)

Was wir tun *können*, ist, mit unserem Verständnis vom Auf und Ab der Stimmungen in die Welt hinauszugehen und ein positives Beispiel zu setzen. Wir können lernen, die schlechte Laune anderer nicht auf die Goldwaage zu legen und uns ihre Worte und Taten in solchen Zeiten nicht zu sehr zu Herzen zu nehmen. Stattdessen erkennen wir die Situation und begegnen dem anderen mit dem gebotenen Mitgefühl, sodass er leichter aus seinem Tief herausfinden und in eine konstruktivere Verfassung gelangen kann. Wenngleich es unmöglich ist, einen anderen ohne weiteres aus seiner düsteren Laune herauszuholen, so hilft es ihm doch, wenn wir selbst unser inneres Gleichgewicht bewahren und ein Gefühl der Zufriedenheit ausstrahlen. Lassen wir uns von den Tiefphasen unseres Partners nicht aus der Bahn werfen, so werden diese kürzer und weniger gravierend verlaufen.

Versuchen Sie nicht, einem Menschen Ratschläge zu geben, wenn seine Stimmung im Keller ist! Keiner von uns ist dann offen für Informationen. Lassen Sie ihn aber auch nicht links liegen. Zeigen Sie einfach Verständnis und Mitgefühl. Der Rest regelt sich von allein.

Individuelle Realitäten in Beziehungen

Das Prinzip der individuellen Realitäten besagt, dass keine zwei Menschen die Welt auf ein und dieselbe Weise sehen. Wir alle betrachten sie durch unseren ureigenen Filter, unser Denksystem. Und wenngleich viele dies logisch nachvollziehen können, verweist uns dieses Prinzip darauf, dass es sich hier nicht um ein intellektuelles, sondern um ein psychologisches Phänomen handelt.

Da jeder einen ganz persönlichen Bezugsrahmen hat, variiert die Wahrnehmung der Welt von Person zu Person. Es kommt uns so vor, als würden wir immer alles völlig realistisch betrachten, aber dem Prinzip der individuellen Realitäten zufolge ist kein Standpunkt zutreffender als der andere; es unterscheidet nicht zwischen Richtig und Falsch. Es verweist lediglich darauf, dass die Realität eine Erscheinungsform ist, so wie sie sich aus einem bestimmten Bezugsrahmen heraus darstellt. Individuelle Realitäten zu haben, heißt, dass jeder von uns quasi in einem anderen Land lebt.

Person A ist überzeugt, die Welt sei ein sicherer Ort. Person B hingegen hält sie für gefährlich. Wer hat Recht? Beide – innerhalb ihres persönlichen Bezugsrahmens. Beide könnten eine endlose Reihe plausibler Beispiele zur Bestätigung ihres Standpunkts anführen, und zwar aus einem Gefühl der absoluten Gewissheit heraus.

Haben wir erst einmal durchschaut, auf welche Weise unser individuelles Denksystem unsere Sicht der Dinge hervorbringt, können wir uns über die Begrenzungen, die sich dadurch ergeben, hinwegsetzen. Dann fühlen wir uns nicht so bedroht, wenn jemand anderer Meinung oder von uns enttäuscht ist, weil wir die Unausweichlichkeit dieser Dynamik verstehen. Wir erkennen, dass weder hinter unseren eigenen negativen Gedanken und Glaubenssätzen noch hinter der Negativität der anderen irgendeine böse Absicht steckt. Es wird uns klar, dass unsere Auffassungen das Resultat vergangener Konditionierung sind. Wer um das Phänomen der individuellen Realitäten weiß, wird die Dinge nicht mehr so persönlich nehmen, weil er die Natur aller Voreingenommenheit, Überzeugungen und Lebensphilosophien im Prinzip durchschaut hat.

Nehmen wir es als gegeben hin, dass ein jeder von uns die Welt auf unterschiedliche Weise sieht, wachsen wir über uns hinaus und sehen auf einmal die darin verborgene Logik und Schönheit. Damit aber öffnen wir das Tor zu erfüllenderen, bereichernden Beziehungen. Wir begegnen einander mit weniger Abwehr und Kritik, und weil wir weniger Zeit und Mühe darauf verwenden, unsere persönliche Sicht der Dinge zu predigen, können wir unser Augenmerk auf ein anderes Ziel richten: das Hervorbringen eines universellen, positiven Grundgefühls.

7
Stress

Der zweite Gedanke ist der weisere.
Sprichwort

Die meisten der modernen Fachleute für Stressmanagement würden Ihnen sicher erzählen, dass sie selbst einen »stressigen« Job haben. Wir leben in einer von Stress geprägten Welt, und darum können wir bestenfalls darauf hoffen, geeignetere Methoden zu finden, um damit fertig zu werden – so zumindest denkt die heutige Psychologie. Für die meisten Menschen ist Stress ein Fakt, der zum Leben einfach dazugehört, eine harte Realität, mit der es auszukommen gilt. Stress gilt als unvermeidbares Beiwerk von Erfolg, Beziehungen, Beruf, ja dem Leben schlechthin. Das Wort wurde zu einem Allerweltsbegriff, mit dem so gut wie alles beschrieben, gerechtfertigt und erklärt wird, was in unserem Alltag schief läuft. »Wenn ich nicht so viel Stress hätte, wäre mein Leben viel besser«, so die weit verbreitete Überzeugung.

In der Tat ist Stress ein ernst zu nehmender Störfaktor in unserem Dasein, was aber nicht bedeutet, dass wir uns ihm völlig zu ergeben bräuchten. Verstehen wir, woher er kommt (aus unserem Kopf) und wie er mit unserem Denken zusammenhängt, können wir uns ihm ungeachtet der äußeren Umstände entziehen. Er ist nichts anderes als eine gesellschaftlich akzeptierte Form von »Geisteskrankheit« und kann weitestgehend ausgeräumt werden.

Stress ist nicht etwas, das uns passiert, sondern etwas, das sich aus unserem eigenen Denken heraus entwickelt. Aus unserem Innern heraus entscheiden wir, wovon wir uns stressen lassen und wovon nicht. Glücksspiele mögen für die einen der große Kick sein, während sie einen anderen an den Rand des Nervenzusammenbruchs führen. Kinder zu haben, ist für den einen Lebensaufgabe, für den anderen eine allzu große Verantwortung. Die Arbeit mit Vergewaltigungsopfern erscheint dem einen als lohnende Aufgabe, während ein anderer davor zurückschreckt, weil das Thema ihm allzu nahe geht. Die hier zitierten ebenso wie generell alle Situationen im Leben sind also für sich betrachtet »neutral« und nicht von vornherein stressbelastet.

In dem Augenblick, in dem wir Stress als etwas definieren, das nicht aus uns selbst, sondern von außen auf uns zukommt, machen wir uns für Stress empfangsbereit – und schon ist die Gelegenheit verpasst, ihn zu vermeiden. Wann immer wir Stress als etwas außerhalb von uns Befindliches beschreiben, erkennen wir seine Existenz an und müssen dementsprechend nach Formen suchen, mit ihm fertig zu werden, ihn zu beherrschen oder das zu verändern, was wir als seine Ursache ausgemacht haben. Glauben wir beispielsweise, dass es stressig sein muss, mit jemandem zusammenzuleben, der in der Spätschicht arbeitet oder dauernd Überstunden macht, werden wir uns automatisch nach Möglichkeiten umschauen, um mit dieser Situation fertig zu werden. Vielleicht verwenden wir unsere Energie darauf, den Partner dazu zu bewegen, dass er den Job wechselt. Weigert er sich, sind wir der Meinung, dass der Stress geradezu programmiert war.

Oder wir wählen einen völlig anderen Weg und verlegen uns darauf, an der Beziehung zu arbeiten. Wir belegen Kurse und Seminare, lesen Bücher oder suchen einen Eheberater auf, um den Beziehungsstress in den Griff zu bekommen.

Für welche Strategie wir uns auch immer entscheiden mögen, wir bestätigen damit die Notwendigkeit, mit der Situation fertig zu werden – eine Situation, die nur darum stressig ist, weil wir sie als solche definieren. Wir kommen gar nicht auf die Idee, innezuhalten und unsere Grundannahme in Frage zu stellen; in all den Kursen, Seminaren, Büchern und Beratungen wurde davon ausgegangen, dass unsere ursprüngliche Einschätzung richtig war und wir in der Tat lernen müssen, mit Stress umzugehen. Mit jedem Kurs, den wir belegen, und jedem Buch, das wir lesen, wird unser Eindruck verstärkt, dass unsere Situation stressbeladen ist; und dies wiederum erzeugt neuen Stress. Je mehr wir darüber nachdenken oder es zu ändern versuchen, desto schlimmer erscheint uns das Ganze, weil wir jedes Mal aufs Neue bestätigen, dass der Stress tatsächlich außerhalb von uns selbst existiert.

Dieses sich selbst verstärkende Muster entsteht unabhängig davon, ob wir unsere Arbeit, die Welt, unsere Beziehung, die finanzielle Lage, unsere Herkunft, das politische Umfeld oder was immer als Stressursache ausgemacht haben. Solange wir nicht verstehen, woher der Stress eigentlich kommt, suchen wir entweder nach Möglichkeiten, um die »Stressquelle« (zum Beispiel die Umwelt) auszuschalten, oder nach Wegen, mit unserem Stress besser umgehen zu lernen. In beiden Fällen verstricken wir uns in einen endlosen Kampf. Lässt sich nichts an unseren äußeren Umständen ändern, können wir diese weiterhin als Ausrede für unser Unglück benutzen; und gelingt es uns, etwas daran zu tun, nährt dies unsere irrige Überzeugung, dass wir es tun mussten, um uns ein zufriedenes, stressfreies Leben zu ermöglichen. Schon bald aber treffen wir auf etwas anderes, das uns nicht gefällt, und meinen, schon wieder die äußeren Umstände ändern zu müssen, und geraten so in eine schier endlose Negativspirale von Stress, Stress und nochmals Stress.

Nehmen wir einmal an, Sie würden glauben, viel beschäftigt zu sein, sei gleichbedeutend mit Stress. Wenn es Ihnen dann nicht gelingt, Ihren Terminkalender umzukrempeln, haben Sie Pech gehabt. Dann sind Sie zu einem Leben im Stress verdammt! Gelingt es Ihnen, Ihr Pensum zu reduzieren, haben Sie das Problem geregelt – gelöst aber haben Sie es nicht, denn jetzt haben Sie ja erst recht (im Kopf) die Bestätigung dafür erhalten, dass

Ihre ursprüngliche Annahme richtig war. (»Ich muss etwas an meinem Terminkalender tun, um weniger Stress zu haben.«) Obgleich es durchaus sinnvoll war, den Terminkalender zu überdenken und Veränderungen daran vorzunehmen, werden Sie bei der nächsten Stressbelastung von der gleichen Überlegung ausgehen und darangehen, die äußeren Umstände oder das Umfeld zu ändern, damit es Ihnen besser geht.

Es ist unmöglich, sich effizient mit etwas auseinander zu setzen, das in Wirklichkeit gar nicht existiert. Es gibt keinen Stress – außer in unserem Kopf. Unsere »Stressgedanken« sind nicht realer als unsere »Nichtstressgedanken«. Es sind eben Gedanken, weiter nichts. Um den Stress aus unserem Leben zu verbannen, müssen wir zunächst einmal begreifen, dass Stress auf unserer persönlichen *Wahrnehmung* beruht und seinen Ursprung nicht in der Situation selbst hat. Es besteht kein ursächlicher Zusammenhang zwischen dem, was in unserem Leben passiert, und dem Gefühl von Stress.

Für all jene von uns, die wir einen ausgefüllten Alltag zu absolvieren haben, existiert nicht notwendigerweise eine Beziehung zwischen Terminkalender und Stressempfindung – schließlich gibt es Leute, die noch mehr zu tun haben als wir und nicht so gestresst sind. Es liegt nicht an den Terminen, es liegt an der Art und Weise, wie wir darüber denken. Haben wir erst einmal erkannt, dass es keinen Stress, sondern nur »Stressgedanken« gibt, sind wir bereits auf bestem Wege dahin, uns zu verändern und die Verantwortung für unser Leben zu übernehmen. Mit der Neudefinition von Stress als etwas, über das wir Kontrolle haben, können wir uns unser positives Grundgefühl bewahren, selbst wenn die äußeren Umstände alles andere als perfekt sind.

Wie Gedanken zu »Gedankenattacken« werden

Unser Denken ist für den Stress wie Wasser und Sonnenschein für einen Garten: Je angestrengter wir über etwas nachgrübeln, reflektieren und sinnieren, desto größere Bedeutung erlangt der Gegenstand unserer Gedanken in unserem Kopf. Unsere Unzufriedenheit wird dadurch noch zusätzlich geschürt. Erleben wir etwas als Ärgernis, können wir eine Kleinigkeit zu einer Riesenquelle für Stress aufblähen, wenn wir nur lange genug darüber nachdenken. Dies ist der Grund, warum sich viele Menschen so über Details aufregen. Fehlt das Wissen um die Dynamik der Gedanken, kann aus jeder Mücke leicht ein Elefant werden.

Es beginnt mit einem Gedanken: »Eigentlich mache ich mir nichts aus Joan.« Nun kann zweierlei passieren: Entweder wir nehmen den Satz zur Kenntnis und stufen ihn als flüchtigen Gedanken ein, oder wir konzentrieren uns auf ihn und bringen ihn zum Wachsen. Lassen wir ihn ziehen, ist er gleich wieder fort, und der nächste Gedanke kann in uns aufsteigen. Wir können in aller Ruhe überlegen, ob wir und wie viel Zeit wir mit Joan verbringen möchten und was gegebenenfalls in der Sache zu tun sei. Konzentrieren wir uns hingegen auf den Gedanken, wird er größer und größer, bis er uns schließlich unter Druck setzt. Mit einem Mal bemerken wir, dass Joan eine unangenehme Stimme und diverse störende Angewohnheiten hat. Es fällt uns wieder ein, wie sie sich hie und da alles andere als freundschaftlich verhalten oder Dinge getan hat, die uns missfielen. Und schon stecken wir mitten in der schönsten Gedankenattacke.

Wir fühlen langsam Zorn in uns hochkochen, und erste Stresssignale melden sich. »Was glaubt sie eigentlich, wer sie ist?« Wir reden mit Freunden über sie, um zu sehen, ob sie unsere Meinung teilen. Die einen tun es, andere nicht. Wir ziehen es vor, uns mit jenen zu unterhalten, die unsere Gefühle Joan gegenüber teilen. Die Ablehnung der anderen ist eine weitere Rechtfertigung für unsere Gefühle; und schon bald hat Joan den schwarzen Peter und ist als Ursache für unser Stressgefühl ausgemacht.

Diese Dynamik kann sich überall und jederzeit entwickeln. Wir alle kennen die klassische Geschichte, wie allein die Art eines Partners, die Zahnpastatube zu quetschen, zu einem ernsthaften Ehezwist führen kann. In Wahrheit hat weder die Zahnpasta noch eine bestimmte Art, die Tube zu quetschen, etwas mit der Krise zu tun. Dass wir uns überhaupt damit befassen und darüber nachdenken, das ist es, was den Stress auslöst. Der Gedanke »Ich frage mich, ob mein Partner sie nicht auch anders quetschen könnte« gebiert eine ganze Serie von Folgegedanken und Assoziationen an vergangene Erlebnisse. »Sie ist schon immer unorganisiert gewesen«, »Sie macht es bloß, um mich zu ärgern«, »Das macht sie schon, seit wir uns kennen«, »Alles, was sie tut, nervt mich«, »Wahrscheinlich verfolgt sie damit irgendeine andere Absicht«, »Wenn ich jemand anders geheiratet hätte, würde der nicht so mit mir umgehen«, »Außer mir braucht sich so etwas keiner gefallen zu lassen« – und so weiter, und so fort. Diese Gedankenschleife setzt sich unverzüglich und ohne unser Dazutun in Gang – und meistens merken wir noch nicht einmal, was da in unserem Kopf abgeht.

Wer zum ersten Mal von dieser Theorie hört und sich mit der Entstehung von Stress befasst, meint oft, dass der Ausweg aus diesem Problem darin bestünde, die störenden Dinge künftig einfach zu ignorieren. Doch weit gefehlt! Wir sollten nur lernen, uns in der Tiefe unseres Herzens nicht länger von etwas nerven und lähmen zu lassen, worüber wir uns in der Vergangenheit immer aufgeregt haben. Je vertrauter wir uns mit dem hier beschriebenen Prozess machen, desto deutlicher sehen wir, wie sehr wir uns durch das Beharren auf »Stressgedanken« auch unserer Fähigkeit berauben, anderen unsere Wünsche klar mitzuteilen.

Die meisten Menschen können durchaus damit umgehen, wenn ihnen ihr Partner im einen oder anderen Fall eine alternative Herangehensweise aufzeigt (vorausgesetzt, dieser »steht nicht selbst unter Stress«, wenn er seinen Vorschlag unterbreitet). Je weniger Stress wir spüren oder zeigen, desto empfänglicher ist der andere für unser Ansinnen. Geraten wir hingegen unter Druck, erscheinen wir ihm zunehmend fordernd, sodass er sich unseren Wünschen verschließt.

Nehmen wir einmal an, Sie hätten einen Freund, der notorisch unpünktlich ist. In letzter Zeit ist es noch schlimmer mit dieser Angewohnheit geworden, und Sie beschließen, mit ihm über die Sache zu reden. Wenn Sie während des Gesprächs wütend und entnervt sind und ihm vorhalten, wie oft er zu spät gekommen ist und wie enttäuscht Sie von ihm sind und dergleichen, dann wird Ihr Freund aller Wahrscheinlichkeit nach abwehrend reagieren. Er wird sich unter Druck gesetzt fühlen und keinerlei Bereitschaft zeigen, Ihnen zuzuhören, geschweige denn, einen Rat von Ihnen anzunehmen. Und in Zukunft wird er weiterhin unpünktlich (wenn nicht gar noch ein wenig unpünktlicher) erscheinen.

Wenn Sie hingegen aus einem angenehmen Grundgefühl heraus mit ihm reden und die Sache ruhig und gelassen zur Sprache bringen, könnte das Gegenteil passieren. Die Chancen stehen gut, dass Ihr Freund ein offenes Ohr für Ihr Anliegen hat, und Sie büßen nichts von der Achtung und Wertschätzung ein, mit denen er Ihnen bislang begegnet ist.

Gedankliche Detailarbeit

Die Einzelheiten unserer Gedankengänge ziehen unsere Aufmerksamkeit auf sich und tragen in vielen Fällen zu einer Verstärkung des Stressgefühls bei. Sind wir verstimmt und denken: »Mein Job gefällt mir nicht«, dann können zwei Dinge passieren: Entweder wir schieben den Gedanken beiseite und/oder beschließen, uns damit auseinander zu setzen, wenn es uns wieder besser geht; oder wir können an die »Detailarbeit« gehen und uns ausmalen, warum uns die Arbeit nicht gefällt, was uns an unserem Chef stört, warum uns die tagtägliche Pendelei auf die Nerven geht und so fort. Jede dieser Erwägungen löst nach dem Schneeballprinzip eine Flut von neuen Gedanken aus und verstärkt so das Stressgefühl. Da ist es doch allemal besser, sich den Kopf frei zu machen und das Nachdenken über die Arbeitssituation auf später zu vertagen.

Entgegen der landläufigen Meinung hebt das Sinnieren über den Grund unserer Verärgerung und die Art und Weise, wie und warum uns etwas stört, nicht unsere Stimmung, sondern lässt sie im Gegenteil noch düsterer werden und unser Problem größer und nicht kleiner erscheinen. Auf diese Weise kann aus einem einfachen Gefühl von Unbehagen eine massive Stressquelle erwachsen.

Nehmen wir an, wir würden im Supermarkt von der Kassiererin in unfreundlichem Ton gedrängt, voran zu machen und unseren Scheck doch ein bisschen schneller auszufüllen. Noch am selben Tag erzählen wir einem Freund, wie es uns ergangen ist (was an und für sich schon keine besonders gute Idee ist). Wir beschreiben haarklein, wie die Kassiererin sich benommen hat, in welchem Tonfall sie sprach, welche Worte sie genau benutzte und welches Gesicht sie dabei machte; wie wir uns gefühlt und auf Rache gesonnen haben ... Während wir uns ins Erzählen hineinsteigern, beschwören wir die Situation noch einmal in allen Einzelheiten herauf. Wie wir uns während des Zwischenfalls selbst gefühlt haben, ist nichts im Vergleich zu dem, was wir jetzt empfinden, obwohl die Sache längst vorüber ist und wir eigentlich das Zusammensein mit unserem Freund genießen wollten. Weil wir wütend und verärgert sind, erscheint es umso logischer, darüber zu reden und uns weiter Gedanken zu machen. Zudem haben wir mittlerweile die Kassiererin als eindeutige Verursacherin für den ganzen Stress ausgemacht. Ein Teufelskreis, der kaum zu durchbrechen scheint, da wir stets und überall auf die Gnade der anderen oder der äußeren Umstände angewiesen sind. Solange uns die Welt nicht jeden Wunsch erfüllt, werden wir uns weiter aufregen. Doch in Wirklichkeit haben wir selbst uns mit unserer Gedankenattacke in diese Situation hineinmanövriert.

Wir können diese Dynamik unterbrechen, wenn wir begreifen, dass wir all die Aufruhr mit unseren eigenen Gedanken ausgelöst haben, dass wir als Denkende »Täter« sind. Würden wir nicht weiter über den Zwischenfall im Supermarkt nachgrübeln, sondern uns stattdessen mit unserem Freund über etwas anderes unterhalten, könnte uns die Kassiererin nichts »anhaben« und uns keinen Stress verursachen. Während wir aber über die Situation nachdenken und sie gedanklich wieder aufleben lassen, wird sie erneut lebendig und real. Jedes Detail, das wir ins Gedächtnis holen, verstärkt noch zusätzlich unsere Gefühle.

Um dieser Neigung entgegenzuwirken, bedarf es keiner großen Willenskraft, und wir müssen auch nicht vorgeben, nie etwas Ungutes gedacht zu haben. Jeder von uns wird bisweilen von Negativität oder Wut heimgesucht. Wir können aber lernen, nicht auf solchen Gedanken zu beharren, wie wir es aller Wahrscheinlichkeit nach in der Vergangenheit so oft getan haben. Sind wir wütend auf die Kassiererin, sollten wir das, was uns da durch den Kopf geht, als das erkennen, was es ist: als Gedanken des Zorns. Wir brauchen nichts mit ihnen zu tun, sondern sie einfach nur ziehen zu lassen.

Ein Beispiel

Bis vor ein paar Jahren glaubte ich, dass es eine ziemlich stressige Angelegenheit sei, vor einem größeren Publikum zu sprechen. Jedes Mal, wenn ich es tun musste, grübelte ich über tausenderlei Dinge nach, die mich belasteten. Ich achtete auf die Schweißausbrüche und die aufsteigende Nervosität; nach dem Vortrag fielen mir all die Dinge ein, die ich noch hätte erwähnen sollen; und ich erinnerte mich an den einen oder anderen im Zuhörersaal, der mir scheinbar gar nicht zugehört hatte. Und zu allem Übel las ich auch noch Bücher, die mich in meiner Auffassung bestätigten, dass das Halten von Reden eine schwierige und stressige Angelegenheit sei. Und ob im Freundes- und Kollegenkreis oder auch anderswo – jeder, der meine Meinung teilte, stieß bei mir auf ein offenes Ohr.

So gelangte ich natürlich stets zu derselben Schlussfolgerung: »Ich habe es doch gewusst. Reden zu halten, ist der pure Stress!« Je länger ich darüber nachdachte, desto nervöser wurde ich, und desto größer wurde der Stress. Ich hatte keine Ahnung, dass ich mir selbst den Stress mit meinen eigenen Gedanken machte. Vielmehr war ich überzeugt, dass Vorträge zu halten an sich belastend sei und mir eben nur die Hoffnung blieb, mich irgendwann einmal daran zu gewöhnen.

In dem Augenblick, in dem ich meine diesbezüglichen Gedanken und Glaubenssätze als eigentliche Stressursache erkannte, konnte ich meiner Rolle als Vortragsredner wesentlich besser gerecht werden. Anstatt darüber nachzugrübeln, wie gut ich meine Sache wohl machen und wie stressig der Auftritt werden würde, konzentrierte ich mich darauf, was ich sagen und wie ich mein Material präsentieren wollte. Anstatt auf die Leute zu achten, die mir nicht zuhörten, richtete ich mein Augenmerk auf jene, die offensichtliches Interesse an meinen Ausführungen hatten. Als ich nicht mehr auf den Druck achtete, unter dem ich zu stehen geglaubt hatte, wurde ich auf einmal ruhig und gelassen. Mein Blutdruck sank, ich entdeckte meinen Spaß an der Sache, und ich wurde ein sehr viel besserer Redner.

Eine gesunde psychische Verfassung

Stress entsteht (ungeachtet der äußeren Umstände) immer dann, wenn wir die Dinge, die uns durch den Kopf gehen, allzu ernst nehmen und in ihrer Bedeutung aufblähen. Nehmen wir einmal an, Ihr Vorgesetzter würde Ihnen ein neues Projekt aufs Auge drücken, das in zwei Wochen abgeschlossen sein soll, obwohl Sie darüber hinaus noch mehrere andere Termine einzuhalten haben.

Aus einer gesunden psychischen Verfassung heraus würden die Worte des Chefs zum einen Ohr hinein, durchs Hirn hindurch und zum anderen Ohr wieder herausfließen. Dies würde Sie in die Lage versetzen, angemessen darauf zu reagieren. Was Sie in der Angelegenheit unternehmen würden, hinge davon ab, wie schnell Sie sie in Angriff nehmen wollten. Die gesunde psychische Verfassung würde verhindern, dass Sie sich mit Gedanken der Panik und Frustration, der Wut oder des Selbstmitleids in Bedrängnis brächten. Stattdessen würden Sie einen kühlen Kopf bewahren und die den Umständen entsprechend beste Lösung finden.

Aus einer ungesunden psychischen Verfassung – sprich: Stress – heraus würden Sie die Information zwar auch entgegennehmen, doch sie würde Ihren Kopf nicht einfach passieren, sondern eine Gedankenattacke lostreten. Sie würden krampfhaft über Ihre Situation nachdenken und am Ende frustriert zu Aussagen gelangen wie: »Ich halte den Termindruck bald nicht mehr aus«, »Das schaffe ich nie« oder »Warum ausgerechnet ich?«

Eine ungesunde psychische Verfassung kann selbst das kleinste Ereignis zum persönlichen Albtraum werden lassen: Ich habe beispielsweise einmal von einem Briefträger gehört, der sich fürchterlich darüber aufregte, dass seine Route um zwei Einfamilienhäuser erweitert wurde – von Nummer dreißig auf Nummer zweiunddreißig …

Der Schlüssel für die Eliminierung von Stress aus unserem Leben liegt in der Erkenntnis, dass wir ihn uns selbst machen. Wenn wir kraft unserer Gedanken aus einer Mücke einen Elefanten machen, schaffen wir damit Stresspotenzial. Begreifen wir diese seelische Dynamik, können wir die Gedanken loslassen, die unsere gesunde psychische Verfassung stören, und wieder in unseren allernatürlichsten Zustand zurückkehren: die Zufriedenheit.

Der Zweck von Stress

Stress ist ein unangenehmes Gefühl. Gefühle wirken wie ein Richtungsanzeiger oder Kompass, der uns jederzeit zu erkennen gibt, wie wir mit der jeweiligen Situation psychisch umgehen. Empfinden wir Zufriedenheit? Spüren wir eine leise Freude bei dem, was wir tun? Oder haben wir unsere eigenen Gedanken allzu ernst genommen und sind unserem Denksystem in die Falle gegangen?

Der Zweck von Stress ist, uns zu warnen, wenn wir uns psychisch in Gefahr begeben. Je größer der Stress, desto wichtiger ist es, die Gedanken daran aus unserem Kopf zu verbannen. Stress kann unser Verbündeter sein, denn er warnt uns beizeiten, dass wir uns von der inneren Zufriedenheit und geistigen Klarheit wegbewegen.

Anhand von physischem Stress lässt sich dieser Sachverhalt leichter anschaulich machen. Spüren wir beispielsweise, dass eine Erkältung (ein minimaler physischer Stress) im Anzug ist, dann

beschließen wir womöglich, einen Tag lang zu Hause zu bleiben. Je größer der physische Stress wird, desto mehr achten wir
auf unser Befinden und überlegen, was wir dagegen tun können. So wird ein Sportler, der sich den Knöchel verstaucht hat,
sicher eine Trainingspause einlegen, bis die Verletzung ausge-
heilt ist. Je heftiger das unangenehme Gefühl, desto größer ist
das Bedürfnis nach Ruhe.

Psychischer Stress hat die gleiche Funktion. Je intensiver das
Gefühl, desto wichtiger ist es, in unserem Tun – und besonders
unseren Gedanken – das Tempo zu drosseln oder ganz innezuhalten. Aber aus irgendeinem Grund ist dieser Schritt nicht
immer offensichtlich. Im Gegenteil: Sobald jemand unter Stress
gerät, rollt er sich doch meist die Ärmel erst richtig hoch, um
ans Werk zu gehen. Wer spürt, dass sich ein Beziehungsproblem
anbahnt, der will der Sache »auf den Grund gehen«; wer von
Sorgen geplagt wird, unternimmt alles Erdenkliche, um eine
Lösung zu finden; und wenn irgendetwas getan werden muss,
dann packt man es mit Vollgas an.

Sowohl physischer als auch mentaler Stress folgen beide ein
und derselben Dynamik. Sind wir krank, befinden wir uns ebenso wenig auf der Höhe unserer Leistungskraft wie in Phasen emotionaler Gestresstheit. Wir geraten seelisch aus dem Gleichgewicht und büßen an Weisheit und gesundem Menschenverstand
ein, wir nehmen alles zu ernst; wir verlieren das große Ganze
aus dem Blick und verheddern uns in den Details unseres Pro-
blems.

Die Toleranzschwelle für Stress senken

Auch wenn es überraschend klingen mag: Um uns vom Stress zu befreien, müssen wir zunächst unsere Toleranzschwelle dafür *senken*. Dies ist das genaue Gegenteil von dem, was wir gemeinhin lernen. Dennoch ist es wahr. Der innere Stresspegel eines Menschen liegt immer exakt auf der Höhe seiner jeweiligen Stresstoleranz. Wer also eine Menge Stress vertragen kann, der wird auch viel davon aushalten müssen.

Wer eine extrem hohe Toleranzschwelle hat, dessen Existenz endet womöglich mit einem Herzinfarkt, noch bevor er je darauf geachtet hat, was ihm der Stress eigentlich sagen wollte. Bei anderen geht vielleicht die Ehe in die Brüche, oder sie finden sich im Alkohol- oder Drogenentzug wieder. Menschen mit einer niedrigeren Toleranzschwelle richten ihr Augenmerk vielleicht eher auf den Stress – wenn die Arbeit anfängt, ihnen zu viel zu werden, oder wenn sie merken, dass sie ungehalten auf ihre Kinder reagieren. Wieder andere, die überhaupt keinen Stress aushalten, spüren schon bei den ersten negativen Gedanken in Bezug auf ihre Freunde oder Angehörigen, dass es Zeit ist, einen Gang zurückzuschalten und wieder den Überblick zu gewinnen.

Je niedriger die Toleranzschwelle für Stress ist, desto besser geht es unserer Psyche: Ist es unser Ziel, Stress so früh wie möglich wahrzunehmen, können wir nach dem Prinzip »Wehret den Anfängen!« verfahren und umso schneller in einen positiven Gemütszustand zurückkehren. Wir haben es selbst in der Hand: In welcher Situation wir uns auch befinden mögen, unser Weg führt uns stets an einer ganzen Serie von »Kreuzungspunkten« vorüber, an denen wir uns so oder so entscheiden können. Je länger wir damit warten, uns von den »Stressgedanken« zu verabschieden, desto schwieriger wird es, wieder in die natürliche Gemütsverfassung zurückzufinden. Mit zunehmender Übung können wir dahin gelangen, das Auftauchen negativer Gedanken schon zu merken, noch bevor sie uns aus der Bahn geworfen haben. Vergessen Sie nicht: Nur ein einziger Gedanke trennt Sie davon, dass Sie sich wohl fühlen!

Diese neue Betrachtungsweise von Stress ist keine Einladung zur Faulheit oder Apathie. Ganz im Gegenteil! Je größer unsere innere Ruhe, je glücklicher wir sind und je weniger wir uns von unseren Gedanken ablenken lassen, desto produktiver und effizienter werden wir in allen Bereichen unseres Lebens sein.

8
Probleme lösen

Das alltägliche Problem – Ihres, meines, jedermanns – besteht nicht darin, sich vorzustellen, was uns das Leben an Günsten erweisen könnte, wenn es nur machbar wäre, sondern darin, herauszufinden, was machbar ist, und es anschließend den eigenen Möglichkeiten entsprechend günstig zu gestalten.
Robert Browning

Bei der Suche nach Lösungen für jedwedes Problem, das uns in unserem Leben begegnet, sind stets mehrere wichtige Punkte zu beachten. In diesem Kapitel erfahren Sie, wie dies anhand der fünf Prinzipien der gesunden psychischen Verfassung geschehen kann.

Die meisten Menschen gehen davon aus, dass sich Problemlösungen entweder durch einen Wandel der äußeren Umstände oder einen mühevollen Denkprozess ergeben. Aber es gibt eine Alternative, die über die Methode von Versuch und Irrtum hinausgeht und sich generell auf alle Probleme anwenden lässt. Ich will zunächst verdeutlichen, wie allein das Erkennen der Beschränktheit klassischer Bewältigungsstrategien ein erster Schritt in Richtung Lösung ist, und anschließend die effizientesten Wege zur Überwindung von Problemen oder schmerzlichen Ereignissen aufzeigen.

Betrachten wir zunächst einmal die gängige Meinung, eine Veränderung der äußeren Umstände sei eine der wichtigsten Maßnahmen, um unsere Probleme loszuwerden. Es ist zweifellos richtig, dass ein jeder von uns immer wieder in Situationen geraten wird, die alles andere als ideal sind. Ebenso richtig ist aber auch, dass unsere *Einschätzung* der äußeren Umstände je nach Stimmung und emotionaler Verfassung variiert. Wie gesagt: Wandeln sich unsere Gefühle, so wandelt sich damit unsere Betrachtungsweise. Sind unsere Stimmung und unsere Gefühle auf dem Tiefpunkt angelangt, kommt uns unsere Ehe womöglich wie eine Falle oder Belastung vor. In Hochphasen hingegen erscheint sie uns als ideale Partnerschaft. Wenn wir schlechte Laune haben, empfinden wir unsere Arbeit vielleicht als langweilig und unbedeutend; steigt das Stimmungsbarometer wieder, erleben wir sie auf einmal als befriedigend und erkennen in ihr eine gangbare, ehrliche Art, unser Geld zu verdienen. In beiden Beispielen (wie in so vielen anderen) sind die äußeren Umstände absolut identisch. Das Einzige, was sich verändert hat, ist unsere Stimmung – unsere Gefühlslage. Erkennen wir die Beziehung zwischen unseren Problemen und Stimmungen, begreifen wir, dass die Antwort für unsere Schwierigkeiten nicht unbedingt in der Veränderung der äußeren Umstände liegt. Mit steigendem Stimmungs- und Gefühlspegel werden wir ein und dieselbe Situation nicht nur in völlig anderem Licht sehen, sondern auch Problemlösungen entdecken, die uns in Phasen düsterer Stimmung verborgen blieben.

Führen wir uns nochmals vor Augen, dass die Stimmung die Quelle und nicht die Folge unseres Erlebens ist. Stecken wir im Stimmungstief, sehen wir überall Probleme und Gründe für ihr Entstehen. Haben wir erst einmal begriffen, wie sehr unsere

Wahrnehmungen von unseren Stimmungen abhängen, überrascht uns das nicht mehr; dann ist uns nämlich klar, dass wir aus solchen Gemütszuständen heraus Probleme produzieren. Gleichzeitig sind wir klug genug abzuwarten, anstatt uns in diesen Phasen auf unser Gefühl zu verlassen. Fühlen wir uns erst wieder besser, sehen auch die äußeren Umstände anders aus, und es werden sich neue Antworten ergeben.

Das Ändern der äußeren Umstände

Die äußeren Umstände sind immer »neutral«. Wären sie die Ursache unserer Probleme, würden sie uns stets auf dieselbe Weise tangieren, was natürlich nicht der Fall ist. Erst unsere Gedanken und Wahrnehmungen hauchen ihnen Leben ein.

Nehmen wir an, Sie seien der Ansicht, Ihr Partner hätte Ihnen zu Unrecht Vorwürfe gemacht. Würden wir die Änderung der äußeren Umstände als Lösungsstrategie wählen, könnten wir nur versuchen, das Verhalten des Partners zu ändern. In diesem Fall würden wir das Thema zur Sprache bringen; der Partner würde unsere Meinung nicht teilen und entgegnen: »Du bist einfach zu empfindlich!« Und was nun?

Zweiter Versuch: Sie bringen die Sache noch einmal aufs Tapet. Diesmal reagiert ihr Partner weniger philosophisch und wirft Ihnen vor, einen Streit provozieren zu wollen. »Siehst du«, halten Sie ihm entgegen, »du machst mir schon wieder Vorwürfe.« Und damit beginnt das Ganze von vorne. Wenn es Ihnen nicht gelingt, Ihren Partner zu ändern (was ausgesprochen schwierig sein dürfte), können Sie das Problem nicht lösen.

Nehmen wir ein weiteres typisches Beispiel. Stellen wir uns vor, Ihr Problem bestünde darin, dass Sie sich für zu alt oder zu jung halten, um irgendetwas zu tun. Die äußeren Umstände ändern zu wollen, muss da ein frommer Wunsch bleiben! Es ist schlichtweg unmöglich. Und was, wenn Ihr Problem das Geld

– oder eher der Mangel an Geld – ist? Dieser Umstand ließe sich vielleicht ändern, aber was tun Sie, bis es so weit ist? Wollen Sie so lange unglücklich sein, bis sich Ihr Kontostand gebessert hat?

In jedem dieser Beispiele ist das Problem stimmungsabhängig. Sind wir schlechter Laune, kommt uns jede Äußerung des Partners wie ein Vorwurf vor und jeder Vorschlag wie ein Angriff. Doch kaum geht es wieder bergauf, stören uns dieselben Bemerkungen unseres Partners kein bisschen mehr. In Tiefphasen kann auf einmal jeder x-beliebige Faktor – Alter, Geschlecht, Hautfarbe, Religion – als Hindernis oder Anlass zu unfairer Zurücksetzung erscheinen. Steigt der Pegel wieder, schauen wir über den Tellerrand unserer Eigenschaften und Umstände hinaus und machen das Beste aus dem, was wir sind. Es zieht uns dann automatisch zu solchen Aktivitäten hin, denen wir am ehesten gewachsen sind; und aus den Vorschlägen anderer Leute hören wir das Wahre, das Fürsorgliche heraus, anstatt uns auf den Schlips getreten zu fühlen.

Stellen wir uns vor, unsere Finanzlage sei angespannt. Ist unsere Stimmung schlecht, kommt es uns so vor, als würde alles, was Freude bringt oder das Leben lebenswert macht, eine Menge Geld kosten. Ist sie gut, kommt uns dieser Gedanke gar nicht in den Sinn, denn wir finden genügend unterhaltsame Dinge, die wir im Rahmen unseres, wenn auch noch so schmalen Budgets tun können. In Hochphasen haben wir schon alles, was wir zu unserem Glück brauchen. Was uns fehlt, erscheint uns nicht wichtig, und wir sind dankbar für das, was uns zur Verfügung steht. Wir verfolgen zwar weiterhin bestimmte Ziele, aber unser Streben dominiert oder ruiniert nicht unser Leben. Stattdessen können wir uns auf das zubewegen, was wir uns wünschen, und gleichzeitig das genießen, was wir bereits haben.

Wie wir unsere persönliche Lage einschätzen, variiert mit dem steten Auf und Ab unserer Stimmungen und Gefühle. Und während es bisweilen angemessen erscheinen mag, auf eine positive Veränderung hinzuarbeiten, brauchen wir uns nicht auf den Wandel als einzig mögliche Antwort zu fixieren.

So gut wie jeder von uns kennt Phasen, in denen uns das, was wir tun, absolut keinen Spaß macht. Aber fast immer übersehen wir, dass wir in der übrigen Zeit, also meistens, eben doch Freude daran haben. Menschen, die sich auf ihre Gefühle verlassen, welche aus schlechter Laune heraus entstehen, springen womöglich von Job zu Job in der Hoffnung, dass sie mit der nächsten Anstellung bestimmt zufriedener sein werden. Aber in Phasen der Verstimmtheit wird ihnen die neue Arbeit ebenfalls keinen Spaß machen. Diese Logik lässt sich auch auf andere Situationen im Leben übertragen.

Es ist wesentlich einfacher und praktischer, auf einen Stimmungswandel als auf eine Veränderung der äußeren Umstände zu warten. Gleichzeitig erscheint es sinnvoll, die Suche nach Problemlösungen auf einen Zeitpunkt zu vertagen, zu dem wir uns gut fühlen. Wie wir wissen, haben wir aus einem positiven Gemütszustand heraus Zugriff auf unsere innere Weisheit und unseren gesunden Menschenverstand. Dann fallen uns die Antworten, nach denen wir sonst vergeblich gesucht hätten, auf einmal in den Schoß. Wir entdecken neue Kommunikationsmöglichkeiten und erkennen vielleicht sogar, wie sehr ebendieser Bereich unter unserer schlechten Stimmung gelitten hat.

Unser Alter, über das wir uns noch vor einer Stunde (als wir finster in die Welt blickten) gegrämt haben, ist nun kein Thema mehr. Jetzt, wo sich die düsteren Wolken verzogen haben, sehen wir neue, kreative Wege, daraus sogar Kapital schlagen zu können. Wir empfinden unsere Fähigkeiten als einzigartig, und das, obwohl sich während der Tiefphase alles so hoffnungslos dargestellt hatte.

Sind wir im Höhenflug, tun sich uns neue Möglichkeiten des Geldverdienens auf. Wir sind kreativer, eher zu neuen Einsichten bereit und uns unserer beachtlichen Qualitäten bewusst. Auf einmal werden Alternativen deutlich, die vorher im Verborgenen blieben.

Einer der Schlüssel zur Lösung von Problemen liegt in der Erkenntnis, dass Wohlfühlphasen einen hochgradig praktischen Wert haben. Sich Gutes zu tun, erlangt damit oberste Priorität. Nach Problemlösungen zu suchen, kann warten. Diese Aussage steht in krassem Gegensatz zu Strategien, die auf eine Änderung der äußeren Umstände abzielen und das Glücksmoment von bestimmten Ergebnissen abhängig machen. Ob wir in der Lage sind, Probleme zu lösen, hängt direkt mit unserer Fähigkeit zusammen, Zugang zur Weisheit und dem gesunden Menschenverstand zu erlangen.

Wir brauchen uns nur all der unzähligen Male zu erinnern, in denen sich unsere äußeren Umstände tatsächlich geändert haben, um zu wissen, dass der Wandel allein uns weder glücklich macht noch all unsere Probleme aus der Welt schafft. Wäre dies der Fall, gäbe es längst nur noch zufriedene Menschen und keine Schwierigkeiten mehr. Aber es ist eben nicht so. Jeder von uns hat schon erlebt, wie sich seine äußeren Umstände zum Besseren wandten: Wir haben Schulabschlüsse geschafft, Jobs bekommen, sind gelobt, befördert und geehrt worden oder haben Auszeichnungen erhalten, von denen wir uns das große Glück versprochen hatten. Aber kaum hatten wir sie erreicht, war das Glück auch schon wieder vorbei und wir fingen wieder an, nach neuen Möglichkeiten zu suchen, um unsere persönliche Situation zu verbessern und unser Leben lebenswerter zu machen.

Um uns aus dieser psychologischen Falle zu befreien, müssen wir begreifen, dass die Entstehung von Problemen mehr mit unserer Gefühlslage als mit den äußeren Umständen zu tun hat. In dem Augenblick, in dem wir aufhören, unsere Situation ändern zu wollen, und uns stattdessen darauf konzentrieren, unseren Stimmungspegel zu heben, lösen sich die Schwierigkeiten wie von allein auf. Wer glücklich und zufrieden ist, kann besser mit Herausforderungen aller Art umgehen, weil er keine Energie darauf verschwendet, nach Problemlösungen zu suchen, wenn sein Gemütszustand den Blick darauf verstellt.

Das Analysieren von Problemen

Bei der vielfach praktizierten »analytischen Methode« wird versucht, mittels intensiver Grübelei zur Lösung von Problemen zu kommen. Ein Großteil der Gedankenleistung wird dabei in die Bemühung investiert, die Schwierigkeiten zu überdenken, zu begreifen und zu analysieren.

Es liegt jedoch in der Natur der meisten Probleme, dass wir uns in einer Sache »festgefahren« haben. Wir können irgendwie keinen Ausweg entdecken. Lösungen treten erst dann zutage, wenn wir die Dinge neu und unvoreingenommen betrachten – wenn also die Weisheit zum Zuge kommt. So widersinnig es auch scheinen mag: Wir müssen mit dem Nachdenken aufhören, um die Lösung sehen zu können. Wir müssen unseren »Transmitter« ein- und den »Computer« ausschalten. In dem Maße, wie sich unser Kopf von Grübeleien befreit, fliegen uns die Antworten auf eine Weise zu, wie wir sie nicht für möglich gehalten hätten. Dann tritt die Weisheit aus dem Schatten des Mysteriösen heraus und wird schlicht und einfach zu einem Instrument, das es uns ermöglicht, die gleichen alten Tatsachen auf neue, bislang ungewohnte Art zu betrachten.

In diesem Buch wird immer wieder verdeutlicht, dass unsere Gedanken in dem Maße wachsen, wie wir ihnen Beachtung schenken; und je mehr wir über eine Situation nachdenken, desto realer und bedeutsamer erscheint sie uns. Probleme bilden in dieser Hinsicht sicherlich keine Ausnahme!

Die Geschichte von Fred

Fred ist einer meiner früheren Klienten, dessen Hauptsorge um das Thema Geld kreiste. Er war der Überzeugung, dass er trotz seines permanenten Bemühens nie genug Geld für den Lebensunterhalt seiner Familie verdienen konnte. Die vergangenen zwanzig Jahre hatte er sich den Kopf zermartert, um eine gute Lösung zu ersinnen. Mal um Mal grübelte er über stets dieselben Fakten nach, und wann immer er es tat, war er frustriert und hoffnungslos.

Frustriertheit ist aber nicht unbedingt eine besonders produktive Gemütsverfassung; es gibt vielmehr kaum eine, die weniger effizient wäre. Aus dieser Stimmung heraus über etwas nachdenken zu wollen, bringt gar nichts, weil wir das Problem zu dicht vor Augen haben, um Auswege erkennen zu können. Freds gut gemeinte, aber zwanghafte Beschäftigung mit dem Thema Geld brachte ihm anstelle von Lösungen nur zusätzliche Enttäuschung ein.

Als ihm langsam klar wurde, dass er sich mit seiner Grübelei mehr schadete als nutzte, trat er einen Schritt zurück, drosselte sein Tempo und ließ seine Gedanken zur Ruhe kommen. In dem Maße, wie sich seine innere Unrast legte, erhellte sich seine Stimmung, und es taten sich ihm Lösungsmöglichkeiten auf. Er erkannte, dass er sehr wohl in der Lage war, seine finanziellen Angelegenheiten in den Griff zu bekommen, wenn er bloß nicht mehr so viel darüber nachdachte.

Als Lösung bot sich ihm ein Hobby an, dem er sich seit vielen Jahren gewidmet hatte. Aus einer ruhigeren Gemütsverfassung und größerem Abstand heraus wurde ihm plötzlich klar, dass er daraus ein Geschäft machen könnte. Es klappte, und heute sichert er sich damit genau das Zusatzeinkommen, das er immer zu brauchen glaubte.

So gut wie jeder von uns hat schon einmal auf ähnliche Weise versucht, mit seinen Problemen fertig zu werden. Einer meiner Freunde spricht hier vom »Schneeballeffekt«. Je mehr wir über ein Problem nachdenken, desto größer wird es in unseren Gedanken. Und während es wächst und wächst, glauben wir, dass es immer schlimmer wird, denn jetzt erst kennen wir es in allen Einzelheiten und sehen es »wesentlich klarer«. Mit der Zeit nimmt es dabei solche Dimensionen an, dass wir den uns nahe stehenden Menschen davon erzählen. Und schon bald sind wir alle der einhelligen Meinung: Jetzt haben wir aber *wirklich* ein Problem!

Einstein hat einmal gesagt: »Probleme lassen sich nicht mit den Denkweisen lösen, die zu ihnen geführt haben.« Das bedeutet, dass wir einen Schritt von unserem Problem zurücktreten müssen, um die Lösung erkennen zu können. Einen Schritt zurückzutreten ist aber nur eine andere Formulierung für »nicht länger darauf starren«.

Sie haben wahrscheinlich selbst schon erlebt, wie es ist, wenn man im ernsthaften Bemühen um eine Lösung zwanghaft über etwas nachdenkt. Wir grübeln endlos darüber nach, bis wir es aufgeben und den Blick aus dem Fenster über die herrliche Landschaft schweifen lassen oder uns in die Badewanne setzen, um zu entspannen. Und in ebendiesem Augenblick fliegt uns die Antwort zu. »Ich hab's!«, rufen wir aus. »Das ist genau die Idee, nach der ich gesucht habe.« Wie ich bereits am Anfang dieses Buches gesagt habe, könnten wir jetzt dem Trugschluss verfallen, all das viele Nachdenken hätte sich am Ende doch gelohnt, denn schließlich hätte es uns ja diesen brillanten Einfall beschert. Doch er kommt von ganz woanders her, nämlich aus unserer inneren Quelle der Weisheit – einem Ort jenseits aller Gedanken, zu dem wir in einem Augenblick der Zufriedenheit und Entspanntheit vorgedrungen sind. Alle Fakten und Daten, die wir brauchten, waren uns bereits bekannt. Wir brauchten nur noch den Weg frei zu machen, damit sich die Antwort zeigen konnte. Wir mussten einen Schritt zur Seite treten, denn wir standen uns selbst im Weg!

Dieser Verzicht auf übermäßige Grübelei funktioniert auch wunderbar bei Ehe- oder Beziehungsangelegenheiten. Ich habe viele Paare erlebt, bei denen seit Jahren immer die gleichen Dinge Anlass zu Nörgelei und Streit boten. Einzeln befragt, gab jeder der Beteiligten zu, einen Großteil des Tages damit zuzubringen, darüber nachzudenken, wie schlecht doch ihre Ehe sei. Dabei waren sie sich nicht bewusst, dass die Auseinandersetzung mit genau diesen Überlegungen es unmöglich machte, eine gute Partnerschaft zu entwickeln. Solche Paare hatten jahrelang in ihrem Kopf die Kunst der schlechten Ehe perfektioniert – in dem vergeblichen Versuch, »miteinander ins Reine zu kommen«, wälzten sie in Gedanken immer und immer wieder dieselben Probleme.

So gut wie ausnahmslos zeigte sich, dass meine Klienten – kaum hatten sie die Dynamik des Denkprozesses durchschaut – ihre Beziehung auf der Stelle verbessern konnten. Dieses neue Verständnis soll nicht dazu führen, dass wir Dinge, die uns stören, unter den Teppich kehren; es geht vielmehr darum, zu erkennen, warum wir sie überhaupt als störend empfunden haben. Es geht hier um das Entdecken von praktikablen Lösungen für alltägliche Schwierigkeiten.

Wenn Probleme zum Hauptgesprächsthema werden

Auf Probleme zu starren, ist nichts als eine schlechte Angewohnheit. Es ist uns so sehr in Fleisch und Blut übergegangen, darüber nachzudenken, »wo es klemmt«, dass sich unsere Probleme im Gespräch mit anderen oft in den Vordergrund drängen. Konzentrieren wir uns aber auf etwas, was uns belastet – was auch immer es sein mag –, so fühlen wir uns dadurch nicht besser.

Haben wir das Gefühl, wir seien unfair behandelt worden, so führt es uns nicht weiter, darüber zu reden. Hatten wir einen »schlechten Tag« bei der Arbeit oder zu Hause, hilft es nichts, darüber nachzugrübeln. Erscheint uns unsere Lage ausweglos, bringt es nichts, sich darüber den Kopf zu zerbrechen. Helfen kann nur, die positiven Gefühle in uns zu stärken, indem wir ihnen die Energie und Aufmerksamkeit verwehren, die sie brauchen, um sich in unserem Kopf zu etwas immer schlimmer Werdendem aufzublähen. Wir tun dies nicht, um uns vor den Problemen zu drücken, sondern um Raum zu schaffen, in dem Lösungen gedeihen können.

Antworten aus dem »Hinterstübchen«

Manchmal besteht unser Problem darin, dass uns eine Frage beschäftigt, auf die wir eine Antwort suchen. Vielleicht müssen wir eine wichtige Entscheidung fällen oder zwischen zwei scheinbar gleichwertigen Alternativen wählen. In solchen Fällen können wir aus unserem »Hinterstübchen« schöpfen – jenem stillen Platz in den abgelegenen Regionen unseres Geistes, in dem Antworten und Lösungen ungestört von drängenden Gedanken heranreifen können.

Auf die Weisheit dieses Hinterstübchens zuzugreifen, ist ganz einfach. Wir brauchen uns bloß zu sagen, dass wir innerhalb eines gegebenen Zeitrahmens Antwort auf eine bestimmte Frage brauchen. Und dann gilt es, uns bewusst von dem Thema abzuwenden, anstatt uns den Kopf darüber zu zerbrechen. Wie von Zauberhand taucht schon bald von ganz allein die Antwort in uns auf. Und vielleicht stellen wir erstaunt und begeistert fest, dass sie viel besser als alles ist, was wir uns mit mühevoller Grübelei aus den Hirnwindungen hätten saugen können. Probieren Sie diese Technik doch selbst einmal aus. Sie werden sehen, es lohnt sich!

Wählen Sie zum Beispiel Ihren nächsten Urlaubsort nach diesem Prinzip aus: Machen Sie sich mit allen Fakten einschließlich der Kosten vertraut und sagen Sie sich, dass Sie sich bis zum Abend entschieden haben wollen. Und dann streichen Sie jeden Gedanken an die Ferien und all die vielen Informationen aus Ihrem Kopf. Die Daten werden in Ihrem Hinterstübchen verarbeitet, und die Antwort lässt nicht lange auf sich warten.

Der Faktor Zeit

Um über seelische Verletzungen hinwegzukommen, setzen die meisten Menschen auf den Faktor Zeit. »Die Zeit heilt alle Wunden«, so wurde uns beigebracht, und wenngleich darin eine gewisse Wahrheit steckt, ist es doch wichtig, zu verstehen, was es damit wirklich auf sich hat. Haben wir die dahinter stehende Kernaussage erst einmal verstanden, können wir die Spanne zwischen dem belastenden Erlebnis und seiner Verarbeitung deutlich reduzieren.

Wenn zehn Menschen in eine absolut identische traumatisierende Situation geraten, braucht doch jeder von ihnen seinen eigenen, spezifischen Zeitrahmen, um damit fertig zu werden. Nehmen wir einmal an, sie alle seien in einen Banküberfall geraten; zwar sei keiner von ihnen ausgeraubt worden, aber man hätte sie mit vorgehaltener Pistole in Schach gehalten, während einer der Verbrecher das Geld aus dem Tresorraum geholt habe.

Unter den zehn Opfern gibt es vielleicht ein paar wenige (die absolute Minderheit), die die Achseln zucken, den unliebsamen Zwischenfall als Pech abhaken und nach der Befragung durch die Polizei wieder zur Tagesordnung übergehen. Sie sind froh und dankbar, dass ihnen nichts passiert ist. Andere hingegen haben noch tage- oder gar wochenlang so sehr mit ihren Ängsten zu tun, dass sie es kaum schaffen, ihrer Arbeit oder anderen Alltagsverpflichtungen nachzukommen. Und wieder andere können den Zwischenfall einfach nicht vergessen. Ihre fortwährende innere Unruhe führen sie einzig und allein darauf zurück. Wenn überhaupt, dann kehren sie erst nach Jahren zu ihrem alten Selbst zurück. Immer wieder reden sie über das Erlebnis, starren darauf, zerbrechen sich darüber den Kopf, lassen sich davon den Schlaf rauben oder bemühen deshalb sogar einen Psychotherapeuten, aus dessen Munde sie dann immer wieder den Satz zu hören bekommen: »Es dauert eben seine Zeit, bis man ein solches Trauma überwunden hat.«

Warum können die einen ein betrübliches Ereignis einfach abschütteln, während andere darüber brüten und es als Ausrede benutzen, um sich in ihrem Leben behindern und lähmen zu lassen? Die Antwort liegt auf der Hand: Manche haben (intuitiv) ein tieferes Verständnis vom Denk- und Erinnerungsprozess als andere. Sie verstehen, dass wir, wenn wir an etwas denken – sei es etwas Vergangenes oder Zukünftiges –, allein mit diesen Gedanken den Gegenstand unserer Überlegungen so zum Leben erwecken, als sei es hier und jetzt präsent. Je detaillierter und konzentrierter wir uns damit befassen, desto realer erscheint er uns. Wenn es darum geht, etwas zu überwinden, kommt uns der Lauf der Zeit nur insofern zu Hilfe, als er nach und nach die Erinnerung verblassen lässt. Aber wie lange das dauert, dafür gibt es keinen einheitlichen Rahmen. Erinnerungen sind stets Erinnerungen – ob wir etwas vor acht Jahren oder acht Minuten erlebt haben. Wäre der Lauf der Zeit das Entscheidende, müsste jeder gleich lang brauchen, um ein Erlebnis zu verarbeiten. Wir wissen aber, dass dies nicht der Fall ist.

Diese Erkenntnis hat enorme praktische Auswirkungen. Während wir uns bislang einen künstlichen Zeitrahmen gesetzt haben, um uns von einem Erlebnis zu erholen, wissen wir jetzt, dass wir selbst es in der Hand haben, wie lange (oder wie kurz) wir dazu brauchen. Haben wir uns beispielsweise mit jemandem gestritten, so gibt es keine vorgegebene Zeitspanne, in der die

Sache beizulegen und zu vergeben ist. Brauchen wir normalerweise etwa eine Woche, um eine Auseinandersetzung zu verdauen, bedeutet das nur, dass wir ab diesem Zeitpunkt aufhören, daran zu denken. Da das Ereignis selbst vorüber ist und nur noch in unserem Kopf existiert, können wir – wenn wir wollen – bereits zehn Minuten nach dem Streit all unsere Gedanken daran loslassen und uns nicht mehr mit der Sache befassen. Haben wir erst einmal erlebt, wie gut es sich anfühlt, in einer positiven Grundstimmung zu sein, erscheint es uns immer weniger verlockend, uns lange mit negativen Gedanken aufzuhalten.

Was sollen wir mit Problemen anfangen, wenn sie sich doch nur auf die Vergangenheit beziehen? Warum uns in der Gegenwart von Schwierigkeiten oder Verletzungen lähmen lassen, wenn diese doch nur in unserem Gedächtnis existieren? Was auch immer wir durchgemacht haben – ein strenges Elternhaus, eine schmerzliche Scheidung, ein finanzielles Desaster, Missbrauch im Kindesalter oder was auch immer (womit diese Ereignisse keinesfalls bagatellisiert werden sollen) –, es braucht uns nicht daran zu hindern, *jetzt* das Leben zu genießen, wenn wir nur verstehen, dass solche Ereignisse einzig und allein in unserer Erinnerung fortbestehen. Was wir auch durchgemacht haben – wenn wir aufhören, uns mit unseren eigenen Gedanken Angst einzujagen, sind wir auf dem besten Weg hin zu einem glücklicheren Leben. Gelingt es uns, unsere Probleme zu vergessen, indem wir den Denkprozess durchschauen und indem wir nicht auf den Lauf der Zeit vertrauen, so befreien wir uns damit von den Lebensumständen unserer Vergangenheit.

Verlassen wir uns hingegen bei der Bewältigung schmerzlicher Erlebnisse auf den Faktor Zeit und nicht auf unseren freien Willen und unsere Fähigkeit zu denken (oder das Denken sein zu lassen), setzen wir eine Beziehung von Ursache und Wirkung in Gang. Gehen wir davon aus, dass es eine bestimmte Zeit dauert, um sich von einem Ereignis zu erholen, zementieren wir uns in unserem Unglück, weil sich alles, was passiert, weiterhin unserem Einfluss entzieht. Stellen wir einen solchen willkürlichen Zeitrahmen auf, untermauern wir damit den Glauben, dass Gedanken etwas zum Fürchten und wir die Opfer unserer Vergangenheit und unserer Gedankenattacken seien. Dies muss aber keineswegs so ein.

Den Denkprozess zu verstehen oder sich ihm zu verweigern, sind zwei völlig verschiedene Dinge. Begreifen wir ihn, können wir erkennen, dass der Gedanke an sich harmlos ist. Nur weil uns etwas in den Sinn kommt, muss es nicht unbedingt unsere Aufmerksamkeit verdienen. Verweigern wir uns ihm hingegen, müssen wir vorgeben, nicht über etwas nachzudenken oder von einem Problem nicht tangiert zu sein. Das eine hat nichts mit dem anderen zu tun. Durchschauen wir den Denkprozess, befreien wir uns von seinen negativen Auswirkungen. Leugnen wir jedoch, dass wir über etwas nachdenken oder uns etwas Sorgen macht, so wirken die verdrängten Gedanken in uns fort. Gedanken kann man nicht entkommen; man kann sie nur verstehen.

Und wieder erkennen wir, wie wichtig es ist, ein positives Grundgefühl zu nähren – jenes Gefühl der Ruhe und Zufriedenheit, das der Stille des Geistes entspringt. Aus dieser Gemütsverfassung heraus ist das Lösen von Problemen nicht annähernd so schwierig wie sonst.

9
Glücklich sein

Die meisten Menschen sind glücklich,
wie sie es sich selbst vorgenommen haben.
Abraham Lincoln

Glücklich sein ist eine Gemütsverfassung und keine Verkettung vom Umständen. Es ist ein heiteres Gefühl, in das wir immer und jederzeit eintauchen können; wir brauchen nicht weit zu gehen, um es zu finden. In der Tat lässt sich Glück nicht auf dem Wege des »Suchens« finden, denn wäre dies möglich, würde es ja bedeuten, dass es sich außerhalb von uns selbst befände. Glück ist nicht im Außen. Es ist der Ausdruck jener natürlichen, gesunden psychischen Verfassung, die uns allen in die Wiege gelegt wurde.

Lernen wir, dem Fluss unserer psychischen Verfassung zu folgen, erlangen wir Zugang zu jenem Ort in unserem Inneren, an dem von jeher Heiterkeit herrscht. Dann brauchen wir nicht länger nach dem Glück zu streben, sondern können einfach glücklich *sein*. Selbst wenn die äußeren Umstände alles andere als perfekt sind, können wir auf dieses positive Grundgefühl zugreifen, weil es aus uns selbst heraus und nicht von außen kommt.

Wer aber die Dynamik seiner eigenen Psyche nicht versteht, wird niemals glücklich sein, mögen die äußeren Umstände auch noch so perfekt erscheinen. Er wird sich seinen negativen Gedanken weiterhin hingeben, wie er es auch in der Vergangenheit immer gemacht hat, und ihre Nebenwirkungen auch künftig schmerzlich zu spüren bekommen.

Die in diesem Buch dargelegten Prinzipien weisen den direkten Weg zum Glücklichsein. Sie zeigen auf, wie sich der Geist auf dieses positive Grundgefühl einschwingen lässt, und mahnen gleichzeitig zur Achtsamkeit: Wer sich nämlich von negativen Gedanken mitreißen und diese zu »Gedankenattacken« anschwellen lässt, fällt im Nu wieder aus dem Gefühl der Zufriedenheit heraus.

Das Glück liegt im gegenwärtigen Augenblick

Glück existiert im Hier und Jetzt. Es ist uns angeboren. Es stellt sich ein, wenn wir unsere Gedanken zur Ruhe kommen lassen; wenn wir uns von den Sorgen und Problemen abkehren und stattdessen unseren Geist entspannen und ihm erlauben, im gegenwärtigen Augenblick zu verweilen. Ich spreche hier nicht von Entspannen im Sinne von Faulheit oder Apathie, sondern eher in dem Sinne, dass wir Informationen in unseren Geist ein- und wieder aus ihm ausströmen lassen, ohne sie zur weiteren Analyse fest zu halten. Solange wir Informationen und Stimuli auf diese Weise in uns aufnehmen, können wir das angenehme Grundgefühl aufrechterhalten und mit dem, was wir tun, zufrieden und glücklich sein. Wer die Funktionsweise der eigenen Psyche begriffen hat, weiß, dass ein entspannter Geist nicht faul, sondern klug ist. Nicht in angespannter Gemütsverfassung, sondern nur aus einem positiven Grundgefühl heraus können neue Antworten auf alte Fragen in uns aufsteigen. Wer glücklich ist, betrachtet Informationen auf ungewohnte, kreative Weise und kann in angemessener Zeit zu rationalen, produktiven Entscheidungen gelangen; er genießt das Auf und Ab des Lebens, statt damit zu hadern, und er lässt seine Weisheit und seinen gesunden Menschenverstand zum Zuge kommen.

Darüber zu theoretisieren, warum wir so und nicht anders sind bzw. uns auf die eine und nicht die andere Weise verhalten, oder in der eigenen Vergangenheit zu wühlen, um schmerzliche Erinnerungen auszugraben, bringt uns dem Glück keinen Schritt näher. Ja, es rückt dadurch sogar noch mehr in die Ferne, denn es führt uns genau in die entgegengesetzte Richtung. Beharrliches Grübeln über die Vergangenheit und die eigenen Probleme bestärkt uns nur in der Überzeugung, dass wir in der Tat Anlass dazu haben, ergrimmt oder unglücklich zu sein.

Aber unglücklich zu sein ist ja gerade das, was wir *nicht* wollen. Und die Vergangenheit ist vorüber. Sie ist nichts als eine Erinnerung, die die Zeit nur kraft unseres Denkens überdauert. Damals war sie real, jetzt ist sie es nicht mehr. (Auch mit dieser Aussage sollen Probleme oder traumatische Ereignisse keinesfalls bagatellisiert werden.) Wir können aus der Vergangenheit lernen, aber ständig zu ihr zurückzukehren und das Leben auf der Suche nach Glück bis ins Kleinste zu analysieren, ist ein Fehler. Wenn es uns weiterbrächte, dann wären wir jetzt alle glücklich. Denn wie oft haben wir vergeblich versucht, uns unseren Weg zum Glücklichsein zu erdenken?

Wer möchten Sie lieber sein? Person A, die zwar eine leidvolle Vergangenheit hinter sich hat, aber jetzt begreift, wie das Denken funktioniert und welchen Einfluss es auf sie nimmt? Oder Person B, in deren bisherigem Leben so gut wie alles glatt gelaufen ist, die aber dauernd auf das wenige, nicht ganz so Perfekte starrt und so fest an ihre Gedanken glaubt, dass sie sich von ihnen deprimieren lässt? Person A kann ungeachtet ihrer schmerzlichen Geschichte ein erfolgreiches, glückliches Leben führen, während Person B sich nicht mit dem heutigen Leben, sondern mit ihren Gedanken herumquält, weil sie sie einfach zu ernst nimmt. Ungeachtet ihres nach außen hin so gelungenen Lebens steuert Person B auf eine jahrelange Zukunft voller Verzweiflung, Therapien und Beruhigungspillen zu.

Wer seinen negativen Gedanken nachhängt oder überall erzählt, wie sehr ihm die anderen Unrecht getan haben, wird dadurch nicht glücklich. Wer ständig darüber sinniert, wie viel besser es ihm gehen wird, wenn die Kinder erst einmal groß sind oder wenn er verheiratet ist, kommt seinem Glück dadurch ebenfalls nicht näher. Das heißt nicht, dass wir uns mit solchen (oder anderen) Erwägungen nicht auseinander setzen sollten. Aber wenn wir es damit übertreiben, zahlen wir dafür einen hohen Preis: Wir opfern jenes angeborene Gefühl von Glück und innerer Zufriedenheit, das wir auch heute noch jederzeit in uns wachrufen können.

Glück und Wunsch

Vorfreude ist selbstredend ein schöneres Gefühl als Angst, aber Glück empfinden wir allein dadurch nicht. Positiv an die Zukunft zu denken und sich Ziele zu setzen, ist eine feine Sache, aber wir sollten es nicht mit dem einfachen, unkomplizierten, bedingungslosen Gefühl des Glücklichseins verwechseln – jenem Gefühl, gerade jetzt in diesem Augenblick Dankbarkeit zu empfinden, und zwar schlicht und ergreifend dafür, am Leben zu sein.

Manchmal flammt womöglich einen Augenblick lang ein Glücksgefühl in uns auf, wenn wir etwas bekommen, das wir uns lange ersehnt haben. Doch entgegen der allgemeinen Meinung liegt das nicht etwa daran, dass wir in dem Moment vergessen, was wir alles noch nicht haben. Kaum ist er vorüber, wendet sich unsere Aufmerksamkeit dem nächsten unerfüllten Wunsch zu oder etwas anderem, was uns noch fehlt, und das Wohlgefühl weicht erneut der Unzufriedenheit. Schon wieder hält der Geist auf der Suche nach Zufriedenheit Ausschau nach etwas, das außerhalb seiner selbst liegt – und das Rad des Unglücklichseins dreht sich endlos weiter.

Läge in der Erfüllung eines (x-beliebigen) Wunsches die Ursache des Glücklichseins, dann wären wir bereits glücklich. Aber erinnern wir uns doch einmal an all die unzähligen Male, in denen wir das Ersehnte erreicht haben und trotzdem nicht glücklich blieben. Ich meine wie gesagt nicht, dass wir es vermeiden sollten, Ziele oder Wünsche zu haben. Doch davor kommt das Glücklichsein. Alles, was sich aus diesem positiven Grundgefühl heraus entwickelt, ist herrlich, aber ein erfüllter Wunsch allein erzeugt kein Glück.

Glück versus Katharsis

Gelegentlich versuchen wir, auf eine Weise glücklich zu werden, die von vornherein zum Scheitern verurteilt ist: Wir reden über etwas, das schief gelaufen ist in unserem Leben, und die sich daraufhin einstellende kathartische, also »reinigende« Befreiung bringt uns ein vorübergehendes Gefühl der Erleichterung. Dies geschieht etwa dann, wenn wir unsere Seele mit einem Geständnis erleichtert oder uns bei einem Freund richtig ausgesprochen haben. Und mit einem Streich ist das, was uns belastet hat, von unserer Seele abgefallen; einen Augenblick kehrt Ruhe ein in unseren Geist, und wir fühlen uns besser. Aber wollten wir auf diese Weise dauerhaft glücklich werden, wäre das in etwa so, als würden wir mit dem Kopf gegen die Wand laufen, nur damit wir uns besser fühlen, wenn der Schmerz nachgelassen hat. Natürlich fühlen wir uns hinterher erleichtert, aber wäre es nicht einfacher, sich erst gar nicht den Kopf zu stoßen?

Der Unterschied zwischen dem positiven Grundgefühl, um das es hier geht, und der Katharsis ist folgender: Wer glücklich ist, ignoriert negative Gedanken über einen Freund, weil er weiß, dass sie im Wechselspiel seiner Stimmungen mal kommen und mal gehen. Sollten sich seine Überlegungen als gültig erweisen, steht ihm die Möglichkeit immer noch offen, zu einem späteren Zeitpunkt mit seinem Freund zu sprechen; doch fürs Erste ist es das Beste, sich den Kopf frei zu machen und das Zusammensein mit ihm zu genießen. Denn auch er will glücklich sein und sich das gute, freundschaftliche Miteinander nicht verderben lassen.

Jemand, der sich auf das Wirken der Katharsis verlässt, möchte sich seine Gedanken so schnell wie möglich von der Seele reden. Stoßen ihm negative Aspekte im Verhalten seines Freundes auf, so legt er großen Wert darauf, die Sache zur Sprache zu bringen. Seine Gefühle ehrlich zu zeigen, ist ihm ungemein wichtig. Er tut es unabhängig von seiner jeweiligen Stimmungslage. Er hat nun einmal negative Gedanken, und die müssen sofort aufs Tapet! Er will die Sache hinter sich bringen – er will »Recht« haben.

»Aufrichtigkeit«

Aufrichtigkeit den eigenen Gefühlen gegenüber ist etwas Relatives. Entspringt sie einer düsteren Stimmung, wie sie sich aus belastenden Gedanken ergibt, oder beziehen wir sie aus einer inneren Quelle des Glücks und der Weisheit? Diese Unterscheidung zu treffen, ist überaus wichtig, da sich unser Leben und alles, was uns darin begegnet, in Abhängigkeit von unserem Stimmungspegel jeweils völlig anders darstellt. Ich kenne viele Menschen (mich selbst eingeschlossen), die meinten, die Aufrichtigkeit in Person zu sein, bis sie schließlich herausfanden, wie überaus relativ dieser Begriff ist. Denn auch hier gilt: Dinge, die uns in Phasen der inneren Aufgewühltheit in helle Aufregung versetzen, lassen uns völlig kalt, wenn wir wieder ruhiger und gelassener sind.

Solange wir dieses Prinzip nicht verstanden haben, meinen wir vielleicht, dass wir – um der Aufrichtigkeit willen – auf jeden negativen Gedanken reagieren sollten, der uns in den Kopf kommt. Aber wir können die Reaktion darauf verschieben und warten, bis wir uns wieder besser fühlen. Gelingt es uns zu warten, werden wir feststellen, dass sich viele, wenn nicht alle negativen Gedanken im Nichts auflösen und wir uns am Ende womöglich sagen: »Wie dumm von mir, so blöd ist er nun auch wieder nicht. Wie konnte ich nur auf so einen Gedanken verfallen?« Jetzt können wir mit mehr Klarheit, Weisheit und gesundem Menschenverstand an die Sache herangehen und entscheiden, was zu tun ist.

Glück unter bestimmten Bedingungen

Wir können das Glück nicht finden, solange wir seine Quelle außerhalb von uns selbst suchen. Gehen wir davon aus, dass erst bestimmte Bedingungen erfüllt sein müssen, bevor wir es empfinden können, verpassen wir es garantiert. Die meisten Menschen erleben immer wieder flüchtige Augenblicke des Glücks, aber wir lassen sie vorübergehen, ohne sie gebührend zur Kenntnis zu nehmen. Wir erkennen das Glücksgefühl nicht als das, was es ist, und lassen es in unserer Unachtsamkeit mit dem Gedankenfluss weiterziehen. Wir tun es, weil wir das Glück permanent irgendwo anders suchen.

Der gleiche mentale Prozess, der das Glück mit einem spezifischen Ergebnis verknüpft, kommt erneut in Gang, sobald ebendieses Ergebnis erreicht ist. Eine Frau, die meint, dass eine Heirat sie glücklich machen würde, wird neue Bedingungen aufstellen, kaum dass die Trauung vollzogen ist. Vielleicht glaubt sie dann, Kinder seien die Lösung oder der Kauf eines Eigenheims, eine Beförderung oder was auch immer. Ist dieses Schema erst einmal etabliert, hinterfragen nur die allerwenigsten den mangelnden Erfolg im Hinblick auf das Glück. Warum sind wir immer noch nicht glücklich?

Gelingt es uns, den Moment des Glücklichseins zu erkennen, wenn er da ist, dann wird uns klar, dass es ebendieses Gefühl ist, wonach wir die ganze Zeit über gesucht haben. Das Gefühl führt nirgendwo anders hin – es ist der Zweck und nicht das Mittel zum Zweck. Begreift die Braut in spe, dass zuerst ihr Glück von innen heraus kommen muss, kann sie sich aus einer

Position der Weisheit und nicht des Mangels heraus entscheiden, ob sie heiraten will oder nicht. Ist sie von vornherein glücklich, wird auch ihre Ehe glücklich sein. Entschließt sich das Paar, Kinder zu haben, werden diese in einer von Zufriedenheit geprägten Atmosphäre aufwachsen und nicht unter dem Druck stehen, irgendjemandes Quell des Glücks sein zu müssen. Das Gleiche gilt im Leben eines jeden glücklichen Menschen. Glück bringt eine freudvolle Existenz und eine positive Sicht der Welt hervor.

Wir können unsere Zufriedenheit nicht auf Dauer aufrechterhalten, wenn wir diese an ein Ritual oder eine Technik knüpfen: Hängt unser Glück davon ab, etwas richtig zu machen, werden wir immer und immer wieder Enttäuschungen erleben. Ich habe viele Menschen fragen hören: »Ich mache doch alles richtig – wie kann es sein, dass ich mich so schlecht fühle?« Der Grund ist immer wieder derselbe. Setzen wir zum Beispiel auf Sport als unsere »Technik«, was geschieht dann, wenn wir einmal keinen betreiben können? Und was noch wichtiger ist: Sport ist nicht gleich Glück. Sonst müssten doch alle Menschen, die Sport treiben, immer und allezeit glücklich sein. Das soll wohlgemerkt nicht heißen, dass Techniken an sich etwas Schlechtes seien; sie können aus vielerlei Gründen Nutzen bringen. Sie helfen uns, bestimmte Ziele zu erreichen, aber glücklich machen können sie uns nicht.

Glücklichsein ist ein Gefühl, kein Ergebnis

Wer verstanden hat, dass glücklich zu sein nichts anderes als ein Gefühl ist, kann es, sobald er es spürt, nähren und pflegen. Wenden wir dem Glücksgefühl unsere Aufmerksamkeit zu, so werden wir feststellen, dass unser Geist relativ klar, das Denken hingegen diffus ist. Wenn wir denken, beschäftigt uns höchstens die Aufgabe, die wir gerade vor uns haben, nicht aber das

Ergebnis oder wie wir selbst dabei abschneiden. Nicht, dass wir nicht denken sollten! Ja, während wir uns in diesem angenehmen Gefühlszustand befinden, haben wir uneingeschränkten Zugang zu unseren besten Gedanken, zu unserer Weisheit und unserem gesunden Menschenverstand. Jetzt ist unser Geist losgelöst und nicht übermäßig auf den Inhalt des Gedankenstroms fokussiert.

In diesem Gemütszustand (der für jedermann jederzeit erreichbar ist) können wir unser Glück und unsere Zufriedenheit bewahren, selbst wenn die Dinge ringsum nicht unbedingt nach unserem Geschmack sind. Glücklichsein ist ein Gefühl, kein Ergebnis. Wer weiß, was er zu finden hat, kann es aufrechterhalten, statt es ständig zu vermissen und überall danach zu suchen.

Wenn wir glücklich sind, dann sollten wir nicht darüber nachdenken. Tun wir es doch, verflüchtigt sich das Gefühl. Haben wir die Dynamik unseres Geistes durchschaut, wird auch das nicht zum Problem. Entdecken wir in aller Stille die heitere Gelassenheit des Lebens, wird sie uns immer länger erhalten bleiben. Und geht uns dieses Gefühl dann doch einmal verloren, kehrt es schneller zurück. Der Schlüssel liegt darin, die Dynamik zu verstehen, ohne darüber nachzudenken; das Gefühl einfach wahrzunehmen, ohne es zu analysieren. Um zu denken, bedarf es stets einer (wenn auch noch so geringen) Anstrengung. Glück hingegen ist mühelos. Es geht eher darum, das Gefühl des Unglücklichseins loszulassen, als nach Glück zu streben. »Loslassen« heißt nichts weiter, als die Aufmerksamkeit von dem abzuziehen, worüber wir nachdenken – nicht mit Macht, sondern ganz behutsam.

Dass das Glück von innen kommt, mag wie ein Gemeinplatz klingen, dennoch ist es wahr. Glücklich zu sein, ist der Weg, die einzige Antwort, die wir brauchen. Begreifen wir, wie unser Geist funktioniert, erkennen und spüren wir auf ganz natürliche Weise, wie schön das Leben ist. Aus unserer positiven Gemütsverfassung heraus kommt uns das, was uns eben noch dringlich und belastend erschien, auf einmal bedeutungslos vor. Und all das schlichte Schöne, das das Leben für uns bereithält und das wir so lange als gegeben hingenommen haben – die Kinder, die in der Nachbarschaft spielen, eine sanfte Brise, Menschen, die anderen helfen –, auf einmal betrachten wir es mit anderen Augen, auf einmal wissen wir es neu zu würdigen. Erheben wir das Glücklichsein zu unserem Ziel, können wir es unabhängig von äußeren Einflüssen erfahren. Wissen wir, wie wir zur inneren Zufriedenheit finden können, werden wir uns nicht länger mit Gedanken abgeben, die uns von unserem höchst erstrebenswerten Ziel abbringen.

Glück existiert im Hier und Jetzt. Unser Leben ist keine Generalprobe für einen späteren Auftritt – es findet in diesem Augenblick statt. Das Geheimnis des Glücklichseins, Ziel all unserer Sehnsucht, entschlüsselt sich vor unseren Augen: in einem Gefühl.

10
Angewohnheiten und Abhängigkeiten

> Eine Angewohnheit ist ein Gedanke,
> den wir als Wahrheit akzeptiert haben.
> *Richard Carlson*

In einem meiner früheren Bücher, *Everything I Eat Makes Me Thin* (»Alles, was ich esse, macht mich dünn«), habe ich die Mechanismen durchleuchtet, die eine bestimmte Angewohnheit (übermäßiges Essen) entstehen und zum Problem werden lassen. Das Thema ist aber für viele weitere Bereiche unseres Lebens von Relevanz; und ich hoffe, dass Sie nach der Lektüre dieses Kapitels ungeachtet der Art Ihrer persönlichen Abhängigkeiten in der Lage sein werden, ein neues, hilfreiches Verständnis von

Angewohnheiten zu gewinnen. Die Wörter »Angewohnheit« und »Abhängigkeit« habe ich dabei quasi synonym gebraucht, um Verhaltensweisen zu beschreiben, die wir an den Tag legen, obwohl wir sie nach Möglichkeit besser unterließen.

Da Angewohnheiten stets auf die gleiche Weise entstehen, spielt es keine Rolle, um welche Verhaltensweisen es sich konkret handelt. Wichtig ist vielmehr, zu verstehen, woher sie kommen und wie sie sich als Störquelle im Leben am effizientesten ausschalten lassen.

Glück ist ein positives Gefühl, das aus unserem Inneren kommt; und wir haben in diesem Buch ausführlich untersucht, wie sich die psychischen Blockaden beseitigen lassen, um es zulassen zu können. Sind wir in diesem positiven Gemütszustand, fühlen wir uns ausgeglichen und entspannt. Fallen wir aus ihm heraus, versuchen wir bewusst oder unbewusst, ihn wieder herzustellen. Gemäß der Dynamik einer gesunden psychischen Verfassung gelingt dies, indem wir die Gedanken loslassen, die uns unseres angenehmen Gefühls berauben. Wüssten wir nicht um das Funktionsprinzip des menschlichen Geistes, würden wir in unserer Naivität versuchen, das positive Gefühl aus Quellen außerhalb von uns selbst zu schöpfen – und auf ebendiese Weise können schlechte Gewohnheiten entstehen. Beliebte Substitute für eine ausgeglichene Gemütsverfassung sind Alkohol, Drogen und Tabak, aber auch Essen, Sport, Glücksspiel, Sex und Arbeit im Übermaß. Zu den weniger offenkundigen Ersatzbefriedigungen gehört es, zu streiten, zu kämpfen, sich selbst etwas zu beweisen oder nach Bestätigung von außen zu suchen.

Zu innerer Gelassenheit finden

Ob wir süchtig nach Bestätigung von außen oder nach Alkohol sind, der erste Schritt zur Genesung besteht darin, zu innerer Gelassenheit oder Zufriedenheit zu finden. Sie ist der Nährboden, auf dem positive Veränderung gedeihen kann. Das Gegenteil von Gelassenheit – Unsicherheit – hingegen ist der Nährboden für Abhängigkeiten. Wer gelassen ist, für den wird die Auflösung schlechter Gewohnheiten nicht nur machbar, sondern sogleich ein freudvolles Unterfangen sein. Ohne Gelassenheit aber ist Veränderung, wenn überhaupt, dann nur unter größten Schwierigkeiten möglich. Aus diesem Grunde mutet jeder Versuch, sich aus einer Abhängigkeit zu befreien, ohne zuerst ein Gefühl der Zufriedenheit herzustellen, ungefähr so an, als würde man Wasser aus einem leckgeschlagenen Boot schöpfen. Man geht zwar nicht unter, aber um sich über Wasser zu halten, bedarf es einer immensen Mühe und Ausdauer.

Wie wichtig ein positives Lebensgefühl ist, kann gar nicht oft genug betont werden. Ich halte es für die Haupttriebfeder meines Daseins. Ist mein Gemütszustand nicht positiv, fühle ich mich hohl und einsam – ich habe nichts. Ich würde alles tun, selbst wenn es mir und anderen schadet, nur um meine innere Leere zu füllen. Sie ist die Wurzel aller Abhängigkeiten und Angewohnheiten, und ebenso wie alle Süchte ein und dieselbe Ursache haben, gibt es für alle die gleiche Lösung. Meine besteht darin, mich auf meine gesunde psychische Verfassung zu besinnen und jenes angenehme Gefühl der Zufriedenheit in mir wachzurufen, das mir sagt, dass ich bereits alles habe, was ich mir im Leben wünsche – unabhängig von den äußeren Umständen, auch vom materiellen Besitz.

Die Entstehung einer Angewohnheit lässt sich immer auf das eigene Denken zurückverfolgen. Lassen wir unsere Gedanken beispielsweise um das Essen kreisen, so entsteht dadurch jenes

Gefühl, das Psychologen als »Drang« bezeichnen. Dieser innere Zwang schreit nach Erfüllung: Geht es etwa um Nahrungsmittel, stehen wir sozusagen unter dem unnatürlichen Druck, essen zu müssen.

Die Aufmerksamkeit von den Angewohnheiten abwenden

Je intensiver wir uns mit einer Sache befassen, desto mehr schwellen diese Gedanken in uns an, und desto realer erscheinen sie uns; dies sagt uns schon der gesunde Menschenverstand. Doch obwohl dies so ist, wird in den meisten Drogentherapieeinrichtungen und von der Mehrheit der Suchtfachleute dafür gesorgt, dass sich die Betroffenen mit kaum etwas anderem als ihrer Sucht befassen. Die Patienten werden dazu angehalten, sich und anderen ihr Problem mehrmals am Tag ins Gedächtnis zu rufen. Sie werden ermutigt, darüber nachzudenken und zu sprechen, wie man sich als Abhängiger fühlt.

Die Aufmerksamkeit des Süchtigen wird auf das Problem, eben die Abhängigkeit, gelenkt, damit er nicht länger leugnen kann, dass in der Tat etwas in seinem Leben nicht stimmt. Doch wiewohl das Ziel der Therapie oft erreicht wird, bewirkt die ständige Konzentration auf die Abhängigkeit, dass diese im Kopf immer größere Dimensionen annimmt und immer schwieriger zu überwinden scheint. Während die Auseinandersetzung mit der Sucht die Verleugnung zwar verhindert, bestätigt sie dem Betroffenen aber, wie ernst und komplex seine Sucht sei, und das wiederum unterstreicht die Problematik des Ausstiegs.

Es gibt einen gemeinsamen Nenner, der für fast alle Übergewichtigen zutrifft: Sie denken permanent ans Essen. Die meisten Programme zur Gewichtsreduzierung sind letztendlich zum Scheitern verurteilt, weil sie zusätzlich die Aufmerksamkeit aufs Essen lenken: Sie bringen den Menschen dazu, darauf zu achten, was er isst, wann er isst, wie er isst, wo er isst und wie viel er isst.

Wer abnehmen will, muss seine Aufmerksamkeit jedoch vom Essen abwenden. Er sollte sich weniger mit dem Thema beschäftigen und nicht mehr. Das Gleiche gilt für jede andere Gewohnheit. Wenn ein Raucher den ganzen Tag an Zigaretten denkt, wird es ihm überaus schwer fallen, auf die Glimmstängel zu verzichten. Wenn ein Ehemann den ganzen Tag darüber nachgrübelt, wie sehr ihn seine Frau nervt, wird es ihm kaum gelingen, sie abends beim Nachhausekommen liebevoll in den Arm zu nehmen. Die Energie folgt stets der Aufmerksamkeit. Gilt sie dem Essen, wird sie auf ebendieses Thema gelenkt.

Einer Volksweisheit zufolge ist es wenig sinnvoll »Öl ins Feuer« zu gießen, also ein Problem noch zu verschärfen. Betrachten wir unsere Gewohnheiten als Feuer, so sind unsere Gedanken das Öl. Je mehr Öl wir ins Feuer schütten, desto größer werden die Flammen. Genau das Gleiche geschieht mit unseren Angewohnheiten: je mehr wir darüber nachdenken, umso gewaltiger scheinen sie zu werden.

Ich habe weder die Absicht noch steht es mir zu, die Drogenzentren oder bestimmte Formen der Suchttherapie zu diskreditieren. Es gibt viele ausgezeichnete Einrichtungen und Programme überall auf der Welt, die Millionen von Menschen mit den verschiedensten Abhängigkeiten hilfreich zur Seite stehen. Aber ich würde gern eine Ergänzung vornehmen: Um sich aus einer negativen Gewohnheit zu befreien und wirklich zu genesen, bedarf es neben der Auseinandersetzung mit den eigenen Suchtmustern auch der Erziehung zur geistigen Gesundheit, zur Zufriedenheit und zu einer positiven Lebenseinstellung.

Es gibt eine Möglichkeit, sich aus seinen Abhängigkeiten zu lösen, ohne deren Existenz zu leugnen. Sie liegt darin, zu verstehen, wie sich einerseits Gedanken aus sich selbst heraus nähren und im Kopf real werden und wie sich andererseits auf

Dauer ein angenehmer, ausgeglichener Gemütszustand erreichen lässt.

Drogentherapeuten und Suchtexperten haben Recht mit der Behauptung, dass man eine Angewohnheit – besonders eine schwer wiegende Sucht – nur dann durchbrechen kann, wenn man sich fest dazu entschlossen hat. Doch über diesen Entschluss sollte man nicht tagein, tagaus nachdenken. Es geht vielmehr um den Entschluss, den destruktiven Kräften im eigenen Leben Einhalt zu gebieten, um das innere Wissen, dass es *jetzt* an der Zeit ist, von der Gewohnheit abzulassen. Ist dieser Entschluss erst einmal gefasst, hat das Leugnen ein Ende, und der Abhängige befindet sich auf dem Weg in die Freiheit. Starrt er auch jetzt noch zwanghaft auf seine Angewohnheit, schadet ihm dies mehr, als es ihm nutzt.

Zufriedenheit, Entschlossenheit und Wissen

Um eine Angewohnheit zu durchbrechen, ist dreierlei vonnöten: *Zufriedenheit, Entschlossenheit* und *Wissen*. Eine zufriedene Grundeinstellung ist der Nährboden, auf dem Genesung gedeihen kann; Entschlossenheit ist die innere Verpflichtung, das selbst gesetzte Ziel zu erreichen; und das Wissen ist das Vehikel, das uns dorthin bringt.

Das Wissen um die Funktionsweise der eigenen Psyche erlaubt uns, selbst an etwas so Gravierendes wie eine problematische Abhängigkeit zu denken, ohne diese Gedanken ausufern oder uns von ihnen ängstigen zu lassen. Gelingt es uns, unsere Gedanken zu beobachten, statt in sie einzutauchen, können wir Stimmungstiefs mit mehr Würde durchschreiten und uns selbst in solchen Phasen mit Vorsicht genießen. Nutzen wir unsere negativen Gefühle als Warnsignale! Sie alarmieren uns, wenn unser Denken in dysfunktionalen Bahnen verläuft und uns unglücklich macht oder in destruktive Gewohnheiten hineinsteu-

ern könnte. Seien wir weise genug, unsere schlechten Gewohnheiten schlicht als negative Gedanken zu betrachten, die wir als
Wahrheit zu akzeptieren gelernt haben!

In diesem Buch haben wir gesehen, wir harmlos unsere Gedanken sind: Denken zu können, ist ein Geschenk, eine wunder-
volle Gabe, aber kein Grund, die Funktion an sich oder den Inhalt unseres Gedankenstroms allzu ernst zu nehmen. Damit
Abhängigkeiten ihre zerstörerische Macht verlieren, müssen
wir sie als schlichte Gedanken betrachten, denen wir unnötiger-
weise zu viel Gewicht beimessen. Und vor unseren eigenen Gedanken brauchen wir uns nie und nimmer zu fürchten.

Damit schließe ich den Kreis und komme wieder auf meine
anfänglichen Ausführungen über die Gedanken zurück. Jetzt,
wo wir um die potenzielle Harmlosigkeit und Willkürlichkeit
der Gedanken wissen – um die Tatsache, dass Denken etwas ist,
das ein jeder von uns dauernd tut –, brauchen wir ihnen nicht
mehr zum Opfer zu fallen. Es geht vielmehr darum, zu entscheiden, wie wir unser Denken betrachten möchten: als eine
Fähigkeit, die uns gegeben ist, um unserem Leben Sinn zu ver-
leihen, oder als eine »Realität«, vor der wir uns fürchten und auf
die wir reagieren müssen? Wie wir diese Frage beantworten,
entscheidet darüber, ob und inwieweit es uns gelingt, uns aus
destruktiven Gewohnheitsmustern zu befreien. Je tiefer unser
Verständnis reicht, desto leichter wird es uns fallen.

In dem Maße, wie wir uns dieses Wissen zu Eigen machen,
können wir die psychischen Blockaden ausräumen, die uns
daran hindern, den natürlichsten aller Gemütszustände zu genießen: die innere Zufriedenheit.

11
Checkliste: Wie sieht es in meinem eigenen Leben aus?

Wenn Sie mit Ihrem Leben nicht so zufrieden sind, wie es aufgrund Ihres Selbst-Verständnisses möglich wäre, dann stellen Sie sich doch einmal folgende Fragen:

1. Ist mein Leben im Moment wirklich so schlecht oder stecke ich nur in einem Stimmungstief?
Unsere Stimmung ist die Quelle unserer Erfahrungen und nicht deren Folge. Wenn wir uns schlecht fühlen, stellt sich uns das Leben schlimmer dar, als es in Wirklichkeit ist. In solchen Zeiten ist es das Beste, was wir tun können, den Gedankenfluss zu verlangsamen, unsere Aufmerksamkeit von dem abzuwenden, was uns gerade beschäftigt, das Vorübergehen der Verstimmtheit abzuwarten und nach einem angenehmeren Gefühl Ausschau zu halten. Schon bald sieht die Welt und alles, was es darin gibt, wieder ganz anders aus!

2. Bewege ich mich in dem Bestreben, glücklich zu werden, auf dem Weg ins Unglück?
Um von San Francisco nach New York zu gelangen, muss ich nach Osten fahren; würde ich mich auf den Weg nach Süden machen, käme ich nach Los Angeles – aber da will ich ja gar nicht hin. Das gleiche Prinzip gilt für die Suche nach einem positiven Lebensgefühl. Wenn wir dauernd über negative Dinge reden oder nachdenken, befinden wir uns nicht auf dem Weg ins Glück. Jeder Gedanke, der uns von unserer inneren Zufriedenheit abbringt, ist es nicht wert, gedacht oder verteidigt zu werden. Wenn Sie glücklich sein möchten, dann gehen Sie Ihren positiven und nicht Ihren negativen Gefühlen nach!

3. Sind mir meine Meinungen wichtiger als mein positives Lebens-gefühl?

Stellen wir uns einmal die Frage: »Will ich Recht haben oder glücklich sein?« Es bringt nichts, uns so sehr für die eigene Meinung einzusetzen, dass wir darüber unglücklich werden. Gültige, starke Überzeugungen lassen sich aus einem positiven Gemütszustand heraus am besten vertreten; und wer diese innere Grundhaltung auch äußerlich zu erkennen gibt, dessen Positionen werden von anderen besser akzeptiert.

4. Reagiere ich auf die schlechte Laune eines anderen?

Nur allzu leicht wird übersehen, dass wir alle unsere Stimmungsschwankungen haben. Wenn uns bewusst ist, dass selbst der netteste Mensch seine Launen hat, werden wir seine Angriffe nicht mehr persönlich nehmen – sie richten sich nicht gegen uns. Stimmungen gehören zum Leben dazu. Jeder, ob Arbeitskollege, Freund oder Familienmitglied, ist ihrem Auf und Ab unterlegen. In Tiefphasen sagen oder tun Menschen Dinge, zu denen sie sich in Hochphasen nicht einmal im Traum würden hinreißen lassen. Das heißt nicht, dass wir Übergriffe anderer einfach so tolerieren sollten; es geht vielmehr darum, mental und emotional gewisse stimmungsbedingte Abstriche einzukalkulieren. Akzeptieren wir die Unvermeidbarkeit menschlicher Launen, beziehen wir die dadurch bedingten Verhaltensweisen nicht mehr so auf uns gerichtet.

5. Führe ich Gedanken-Feldzüge?

Die meisten Auseinandersetzungen finden im Kopf statt, sei es nun vor oder nach der eigentlichen Begegnung. Gehen uns belastende Gedanken durch den Sinn, sollten wir uns vor Augen führen, dass es nur harmlose Gedanken sind und nicht die Wirklichkeit. Stecken wir in einem Konflikt, lässt sich dieser leichter beilegen, wenn unsere Stimmung wieder besser ist. Wir sind die

Urheber unserer eigenen Gedanken. Allein die Erkenntnis, dass sie aus uns selbst heraus entstehen, kann einen mentalen Feldzug zum Erliegen bringen; wir können uns wieder vom Kriegspielen ab- und einem angenehmeren Grundgefühl zuwenden.

6. Kämpfe ich mit einem Problem?

Gedanken wachsen in dem Maße, wie wir ihnen Beachtung schenken. Unsere Energie geht dorthin, wohin wir unsere Aufmerksamkeit richten. Kämpfen wir ständig mit einem Problem, blockieren wir uns damit den Zugang zur Weisheit und dem gesunden Menschenverstand. Um mit einer Schwierigkeit fertig zu werden, müssen wir uns davon distanzieren. Sind wir zu dicht an einer Sache dran, können wir sie nicht deutlich sehen. Lassen wir das Problem los, treten auf einmal die Antworten zu Tage, die sich uns vorher entzogen haben.

7. Ist meine Stresstoleranz zu hoch?

Das Maß an Stress, das wir in unserem Alltag auszuhalten haben, ist genauso hoch wie unsere jeweilige Stresstoleranzschwelle. Wenn wir unter Druck geraten, so neigen wir dazu, die Ärmel hochzukrempeln und uns an die Arbeit zu machen. Doch ungeachtet der Dringlichkeit, die wir dabei empfinden, wird sich der Stress auf diese Weise niemals reduzieren lassen. Stehen wir unter Druck, ist es höchste Zeit, einen Gang zurückzuschalten, eine Pause einzulegen, den Gedankenstrom zu bremsen und sich den Geist frei zu machen. Tun wir dies, fühlen wir uns schon bald wieder sehr viel wohler. Um ein weitgehend stressfreies Leben zu führen, sollten wir unsere Toleranzschwelle für Stress *senken*. Mit der Zeit versetzt uns dies in die Lage, bereits die ersten Warnsymptome wahrzunehmen und darauf zu reagieren, bevor uns die Situation über den Kopf wächst.

8. Grüble ich zu viel über mich selbst nach?

Sich selbst oder die eigene Leistung übermäßig zu bespiegeln, drückt nur auf die Stimmung. Wer dauernd darüber nachdenkt, wie gut oder wie schlecht er seine Sache macht, entfernt sich von seiner natürlichen Selbstachtung und Zufriedenheit. Wir brauchen nur kleine Kinder zu beobachten, um zu begreifen, dass jeder Mensch von Geburt an stolz auf sein Tun ist. Selbstzweifel nagen an unserem Selbstwertgefühl. Kosten Sie jeden Moment Ihres Daseins voll und ganz aus! Genießen Sie jede Stunde, die Ihnen beschieden ist! Würde ein jeder von uns nach dieser Vorgabe leben, dann regelten sich die Einzelheiten – das Maß unserer Errungenschaften und Verantwortlichkeiten – von allein. Glauben Sie mir. Und was noch schöner wäre: Es würde uns auch noch Spaß machen!

9. Schleppe ich meine Vergangenheit mit mir herum?

Die Vergangenheit ist eine Erinnerung, die wir kraft unserer Gedanken am Leben erhalten. Ob ein Ereignis zwanzig Jahre oder zwanzig Minuten zurückliegt – was vergangen ist, braucht nicht unsere Fähigkeit zu beeinträchtigen, *jetzt*, in diesem Augenblick unser Leben zu genießen. Je tiefer unser Wissen um die Dynamik des Denkprozesses ist, desto eher gelingt es uns, uns aus den Fängen einer unglücklichen Vergangenheit zu befreien.

10. Verschiebe ich mein Leben auf später?

Irgendjemand hat einmal gesagt: »Leben ist das, was passiert, während wir eifrig andere Pläne schmieden.« Verschieben wir das Glücklichsein auf später, fehlt uns die Erkenntnis, dass Glück ein Gefühl ist, das wir bereits jetzt in uns tragen und auf das wir willentlich zugreifen können. Es ist nicht von Ergebnissen abhängig. Jedes Mal, wenn wir sagen: »Wenn …, dann bin ich rundum glücklich«, haben wir das Glück schon verpasst. Glücklich sind wir immer dann, wenn wir aus unserer natürlichen, gesunden psychischen Verfassung heraus agieren. Auch Sie können glücklich sein, jetzt, in diesem Augenblick. Sie müssen es nur wollen.

Der Nr.1-Bestseller in den USA zur Schattenarbeit:

Debbie Ford, Die dunkle Seite der Lichtjäger.
Kreativität und positive Energie durch die
Arbeit am eigenen Schatten   14167

Neben den lichtvollen Seiten gehört zu unserer Persönlichkeit auch
der »Schatten« - Charakterzüge, die wir nicht wahrhaben wollen und
daher verdrängen. Erst wenn wir die Schattenseiten unseres Wesens
anerkennen und heilen, können wir Zufriedenheit, innere Ausgeglichenheit und tiefes Wohlbefinden erlangen. Debbie Ford ermutigt
jeden, sich den Abgründen und Ängsten der eigenen Psyche zu stellen.

GANZHEITLICH HEILEN

GANZHEITLICH HEILEN
GOLDMANN

Heilende Energien

Barbara Ann Brennan,
Licht-Arbeit 14151

Leila Parker, Das Praxisbuch
der Kinesiologie 13934

Sabrina Mesko
Heilende Mudras 14201

Barbara Simonson, Das authenische
Reiki 14210

Goldmann • Der Taschenbuch-Verlag